COLLECTION • MOTIVATION •

## CHEZ LE MÊME ÉDITEUR

**Dans la même collection:**

***Accomplissez des miracles,*** Napoleon Hill
***Arrêtez d'avoir peur et croyez au succès!,*** Jean-Guy Leboeuf
***Attitude d'un gagnant,*** Denis Waitley
***Comment contrôler votre temps et votre vie,*** Alan Lakein
***Comment se fixer des buts et les atteindre,*** Jack E. Addington
***Devenez la personne que vous rêvez d'être,*** Robert H. Schuller
***Dites oui à votre potentiel,*** Skip Ross
***Lois dynamiques de la prospérité (Les),*** Catherine Ponder
***Magie de voir grand (La),*** David J. Schwartz
***Pensée positive (La),*** Norman Vincent Peale
***Quand on veut, on peut!,*** Norman Vincent Peale
***S'aimer soi-même,*** Robert H. Schuller
***Secrets de la confiance en soi (Les),*** Robert Anthony
***Un,*** Richard Bach

# LES SECRETS DE LA CONFIANCE EN SOI

**Données de catalogage avant publication (Canada)**

Anthony, Robert

Les secrets de la confiance en soi

(Collection Motivation format de poche)
Traduction de: The ultimate secrets of total self-confidence.

ISBN 2-89225-301-2

1. Confiance en soi. 2. Actualisation de soi. I. Titre. II. Collection.

BJ1533.S27A5714 1996 179'.9 C96-940866-8

Cet ouvrage a été publié en langue anglaise sous le titre original:
THE ULTIMATE SECRETS
OF TOTAL SELF-CONFIDENCE


Dépôts légaux, 3e trimestre 1996
Bibliothèque nationale du Québec
Bibliothèque nationale du Canada
Bibliothèque nationale de France

Conception graphique de la couverture:
SERGE HUDON

Version française:
MESSIER & PERRON, INC.

Photocomposition et mise en pages:
COMPOSITION FLEUR DE LYSÉE INC.

ISBN : 2-89225-301-2

(Édition originale: ISBN 0-425-07010-7,
BERKLEY Book, New York)

**Robert Anthony**

# Les Secrets de la confiance en soi

Les éditions Un monde différent ltée
3925, Grande-Allée
Saint-Hubert (Québec)
Canada J4T 2V8
(514) 656-2660

## Remerciements

Un auteur n'écrit jamais son livre seul. C'est ainsi que j'ai puisé mes idées à même diverses sources, y compris l'enseignement que m'apporte mon travail de conférencier et, bien sûr, celui de ma propre expérience de vie. Des spécialistes du domaine de la psychologie, de la religion et de la métaphysique m'ont gracieusement prêté leur concours. Plusieurs d'entre eux préfèrent conserver l'anonymat et se contentent de savoir que leurs connaissances et leur expérience pourront aider certaines personnes à acquérir leur liberté, tant spirituelle que psychologique.

Il me serait difficile de mentionner les noms de tous ces spécialistes à qui j'ai emprunté des idées, mais il y en a quelques-uns que je tiens à remercier personnellement. J'ai été profondément influencé par Anthony Norvell, mon professeur et conseiller ; Marguerite et Willard Beecher ont fait de l'excellent travail pour aider les autres à acquérir de l'assurance ; Lilburn Barksdale a conçu un merveilleux programme ainsi qu'une série de brochures portant sur le développement de l'estime de soi ; j'ai également bénéficié des écrits de Maxwell Maltz, Joseph Murphy, Emmet Fox, Abraham Maslow, Ralph Waldo Emerson, Napoleon Hill et Ernest Holmes.

Robert Anthony

## Dédicace

Je remercie tous ceux qui souhaitent améliorer la qualité de leur vie d'avoir pris le temps d'acheter et de lire cet ouvrage. Le temps et les efforts que vous consacrez à votre développement personnel vous distinguent de la majorité des gens. En prenant conscience de vos possibilités illimitées de création, non seulement prospérerez-vous et progresserez-vous, mais vous acquerrez un riche savoir qui vous permettra sans doute d'aider les autres, et ces derniers pourront éventuellement suivre votre exemple.

# Table des matières

# Introduction

## La majorité insatisfaite

Si vous regardez les personnes qui vous entourent, il vous est facile de constater que très peu d'entre elles sont heureuses et comblées. Leur vie semble dépourvue de sens. Et la plupart de ces personnes donnent l'impression d'être incapables de faire face à leurs problèmes et aux diverses circonstances de leur vie quotidienne. De fait, la majorité des individus, ceux qui se maintiennent dans la moyenne, se sont résignés à « survivre », la résignation à la médiocrité étant devenue pour eux un mode de vie. Par conséquent, ils ont le sentiment de n'être pas à la hauteur et, ce qui est tout à fait humain, ils rejettent sur la société, les gens et les circonstances qui conditionnent leur vie l'entière responsabilité de leurs échecs et de leurs déceptions. Ils sont tellement convaincus que le contrôle de leur vie relève de gens et de circonstances qui leur sont extérieurs, qu'ils demeurent muets devant un raisonnement logique leur prouvant tout à fait le contraire.

L'éminent philosophe et psychologue William James observait un jour que la plus importante découverte de notre époque résidait dans le fait que nous pouvons transformer notre vie en changeant notre mode de pensée. Ce bref énoncé nous révèle que *nous ne sommes pas des victimes mais des créateurs* et qu'il nous est possible de construire notre vie, ainsi que le monde qui nous entoure, de la façon dont nous l'entendons. Ou encore, comme le dit un autre sage, nous ne sommes pas *ce que nous croyons être*, mais plutôt *ce à quoi nous pensons !*

**La mentalité de la soumission**

Il est temps de prendre conscience que le contraire de la bravoure n'est pas la lâcheté mais le conformisme. Vous avez sans doute passé de précieuses et irremplaçables années à essayer d'entrer dans le rang pour enfin vous apercevoir, mais trop tard, que ceux que vous suiviez vous suivaient également ! Et cela est particulièrement évident pour ce qui est des événements majeurs qui façonnent notre vie.

Qu'est-ce qui nous pousse à agir comme des moutons ? Pourquoi, par exemple, devons-nous nous marier, faire des études, fonder un foyer, etc. ? Parce que nos amis le font ? Mais peut-être devrions-nous attendre d'être plus âgés pour faire tout cela ? Ou peut-être devrions-nous agir plus tôt ? Ou encore, tout cela n'a peut-être aucune raison d'être.

Rejetons cette mentalité de soumission et refusons de nous punir sous prétexte que nous sommes différents de notre voisin ou de nos associés. Car nous nous éviterions beaucoup de souffrances si nous affirmions notre individualité et si nous refusions de sacrifier la beauté et le sacré de la vie au profit d'un conformisme ou d'une standardisation qui nous sont imposés de l'extérieur.

## Mettre l'accent sur l'individu

Le fait de *croire* que votre vie est contrôlée, *de quelque manière que ce soit*, par une autre personne, un groupe ou une société, équivaut à vous imposer une sorte d'esclavage mental et à vous constituer prisonnier de votre propre gré. Car vos pensées sont en mesure d'attirer, du fond de votre subconscient, tous les éléments nécessaires à la réalisation des concepts auxquels vous croyez, peu importe que ceux-ci soient positifs ou négatifs. Votre vie actuelle est donc la manifestation extérieure de tout ce qui se passe dans votre esprit depuis un certain temps. Vous avez littéralement *attiré* à vous tout ce qui vous est arrivé de bon ou de mauvais, d'heureux ou de triste, tant vos succès que vos échecs. Et cela inclut toutes les facettes de votre expérience de vie : qu'il s'agisse de travail, de vie conjugale, de santé ou d'affaires personnelles.

Pensez-y ! Votre entourage, votre environnement, votre milieu sont la manifestation extérieure de ce que vous pensez intérieurement. En découvrant pourquoi vous êtes tel que vous êtes, vous découvrirez aussi comment devenir ce que vous désirez être.

## Vous avez le pouvoir de changer

Shakespeare a dit : « Nous savons ce que nous sommes, mais non ce que nous pouvons devenir. »

Cela vous ressemble-t-il ? Vous concentrez-vous sur vos faiblesses, vos échecs, votre façon maladroite de faire les choses, en vous arrêtant rarement à réfléchir à ce que vous pourriez devenir ? Le problème est que vous avez été conditionné depuis l'enfance par des valeurs, des croyances et des concepts erronés qui vous ont empêché de réaliser à quel point vous êtes doué et exceptionnel.

En tant que co-créateur de votre vie, vous avez le pouvoir d'en changer tous les aspects. Tous les grands pédagogues en sont venus à la même conclusion : vous ne pouvez compter sur personne d'autre que sur vous-même pour régler vos problèmes. Comme nous le rappelait si souvent le Maître : « Le royaume des cieux est en vous. » Il n'est pas dans un pays lointain, ni dans le ciel. Bouddha reconnaissait la même chose lorsqu'il disait : « Sois toi-même une lumière et ne cherche pas à l'extérieur de toi. » Les pouvoirs d'auto-guérison sont en nous-mêmes. La santé, le bonheur, l'abondance et la paix d'esprit nous viennent *naturellement* lorsque nous parvenons à nous délivrer des chaînes de la pensée négative.

Si vous ne percevez pas votre valeur personnelle, vous ne pouvez acquérir une confiance totale en vous-même. Ce n'est que dans la mesure où vous reconnaissez l'importance de votre individualité que vous êtes capable de vous libérer des limites que vous vous imposez. Oui, que *vous vous imposez* ! Vos parents, votre famille, votre patron ou la société ne sont pas responsables de cet état de choses. C'est vous qui *permettez* aux autres de contrôler votre vie.

Si vous ne pouvez vous débarrasser de vos sentiments de culpabilité et êtes incapable de cesser de vous déprécier en raison de vos faiblesses imaginaires, vous serez de ceux qui poursuivent en vain la lutte pour l'acquisiton d'une totale confiance en soi et la liberté personnelle. Pour être vraiment libre, attentionné, chaleureux et aimant, vous devez avant tout vous comprendre et vous aimer. Si vous suivez le conseil de saint Luc : « Aime ton prochain comme toi-même », sans d'abord comprendre pleinement qui vous êtes et ce que vous êtes, vous vous trompez et vous trompez votre prochain !

## Comblez vos besoins d'abord

L'une des conditions nécessaires à l'acquisition de la confiance en soi est de satisfaire vos propres besoins d'abord. Votre devoir n'est pas de plaire aux autres, contrairement à ce que l'on a pu vous dire par le passé. De prime abord, cette attitude peut sembler égoïste, mais rappelons-nous les paroles de saint Luc : celui-ci affirme que ce n'est que lorsque nous avons fait de notre mieux pour tirer le meilleur de nous-même qu'il nous est possible d'être utile à notre famille, nos amis, notre église, notre collectivité, etc.

Bien des gens s'efforcent de plaire aux autres d'abord et fuient ainsi l'une de leurs responsabilités qui est de transformer leur vie. Ils disent qu'ils doivent d'abord penser à leur conjoint, à leur ami ou amie, à leur église, à leur famille ou à la société. Mais cela n'équivaut qu'à se tromper soi-même. Un exemple de ce type de comportement est la personne qui se sacrifie avec un zèle de missionnaire pour un grand projet, alors qu'elle ne peut faire face à ses propres problèmes et se voit dans l'incapacité de les résoudre.

Dans son livre *l'Art de l'égoïsme*, le docteur Seabury écrit : « Ne vous laissez pas inquiéter par le sort du monde, car celui-ci risque de vous submerger. Ne vous occupez que d'une vague à la fois. Faites-vous plaisir. Faites quelque chose pour vous-même, et le reste s'arrangera. »

Vous ne pouvez changer le monde, mais vous pouvez vous changer. La situation du monde ne s'améliorera que dans la mesure où chaque individu prend en charge sa propre vie de façon positive et constructive. Le temps est venu pour vous de tout arrêter et d'accorder la priorité à vos propres besoins. C'est la seule façon d'obtenir votre liberté. L'esclavage physique est un crime punissable, mais le châtiment de l'esclavage mental est encore bien plus grand ; comme le dit si bien Descartes, c'est « une vie de désespoir tranquille ».

### Montez à bord ! C'est l'heure du départ !

Vous êtes sur le point d'entreprendre une aventure dont vous bénéficierez jusqu'à la fin de vos jours. Vous allez apprendre de quelle façon il vous est possible de franchir les obstacles qui, jusqu'à maintenant, vous empêchaient de progresser.

Si vous vous retrouvez dans une situation qui ne semble vous mener nulle part, si vous êtes incapable de faire face à la vie avec enthousiasme et assurance, ce livre vous est destiné. Si la médiocrité vous dégoûte, si les résultats de votre vie passée vous déçoivent et si vous êtes insatisfait de vous laisser dériver au gré du courant, ces pages vous offrent une alternative. Si vous vous montrez ouvert et réceptif à des valeurs, des croyances et des concepts nouveaux, vous découvrirez alors pourquoi vous devez et comment vous pouvez réorganiser systématiquement vos pensées afin d'éveiller votre *nouvelle personnalité*. Lorsque vous maîtriserez les principes enseignés dans ce livre, vous obtiendrez plus de bonheur et d'amour, plus de liberté et d'argent, et plus d'assurance que vous ne l'aviez jamais espéré. Rien n'est plus satisfaisant dans la vie que de laisser le champ libre à son potentiel illimité et de mener une vie créative, une vie qui a un sens. Peu importe qui vous êtes, ce que vous faites ou ce qu'est votre situation actuelle, *vous* pouvez acquérir une confiance totale en vous-même. Et cela n'est pas aussi compliqué que vous pourriez le penser !

## Prenez l'habitude des 21 jours

Délaissons notre propos pendant un moment et jetons un coup d'oeil à une technique d'apprentissage simple mais très efficace. Cette technique est connue sous le nom de *l'habitude des 21 jours.*

On a en effet découvert qu'il faut approximativement 21 jours pour se défaire d'une vieille habitude destructrice ou en prendre une nouvelle, plus positive. Il vous faudra au moins autant de temps pour assimiler toute la matière de ce livre. Ne vous y trompez pas. Vous *comprendrez* immédiatement, mais la simple compréhension intellectuelle ne vous mènera nulle part et ne changera en rien votre comportement. Le véritable changement se produira lorsque vous mettrez ces nouvelles connaissances en pratique.

Pour ce faire vous devez passer de la compréhension initiale au *savoir* véritable, c'est-à-dire que ces nouvelles connaissances doivent faire partie de vos pensées, de vos sentiments, de vos gestes et de vos réactions. Et cela demande du temps. Alors ne commettez pas l'erreur de lire ce livre une seule fois et de dire : « Je le sais ! » Vous n'en « saurez » le contenu que lorsque votre conscience l'aura absorbé et c'est à ce moment qu'il fera partie intégrante de votre comportement.

Oubliez tout le reste pendant un certain temps et concentrez-vous uniquement sur votre lecture. Les heures consacrées à la transformation de vos habitudes négatives et destructrices en habitudes positives et constructives constitueront un investissement bien modeste compte tenu de la liberté et des réalisations qui marqueront le reste de votre vie.

Pour obtenir les meilleurs résultats possibles, lisez tout le livre une première fois et familiarisez-vous avec l'ensemble de la matière. Revenez ensuite aux chapitres spécifiques qui vous aideront à résoudre vos problèmes immédiats. Laissez les principes imprégner profondément votre conscience et, ce qui est encore plus important, mettez-les en pratique sans attendre.

Maintenant, si vous êtes prêt, allons-y !

## Premier secret

# Libérez-vous de l'influence hypnotique

Nous sommes tous conditionnés, dans une certaine mesure, par des idées toutes faites que nous empruntons aux autres et que nous adoptons d'emblée, sans même en avoir vérifié, au préalable, la justesse et la pertinence. Ces idées ont exactement le même effet sur notre comportement que celles qu'implante dans l'esprit de son sujet l'hypnotiseur professionnel. Afin de démontrer le pouvoir de la suggestion et de l'imagination à mon auditoire, j'ai souvent recours, lors de mes conférences, à des séances d'hypnotisme. Et voici, en substance, ce qui se produit lorsqu'une personne est plongée dans un tel sommeil.

Je dis à une femme, équilibrée et saine, qui est sous hypnose, qu'elle ne peut soulever un crayon placé sur une table. Bizarrement, elle en est incapable. Et ce n'est pas parce qu'elle n'essaie pas. Elle lutte et fait des efforts, au grand plaisir de l'auditoire, mais elle est tout simplement incapable de poser ce geste. D'une part, elle tente de soulever l'objet grâce à l'effort volontaire et à l'utilisation de ses muscles mais, d'autre part, la suggestion voulant qu'elle ne puisse soulever le crayon l'entraîne à croire que la chose est impossible. Une force physique est ici neutralisée par une force mentale. Il s'agit d'un cas où le pouvoir de la volonté affronte celui de l'imagination. Lorsqu'un tel phénomène se produit, *l'imagination l'emporte toujours.*

Plusieurs personnes croient qu'elles peuvent changer leur vie grâce au simple pouvoir de leur volonté. Cela est faux. Les idées négatives produites par leur imagination forcent ces personnes à échouer. Quel que soit leur effort, elles ne réussissent pas. Elles confondent vérité et idée toute faite. Tout leur potentiel, leurs bonnes intentions, leurs efforts et leur pouvoir de volonté sont impuissants devant une fausse croyance qu'elles tiennent pour une vérité.

De la même manière, je prouve rapidement qu'il n'y a pas de limites à ce qu'une personne peut ou ne peut pas faire sous hypnose, car le pouvoir de l'imagination est illimité. Aux yeux des observateurs, il semble que j'aie un pouvoir magique pour convaincre le sujet et lui donner la force nécessaire pour l'amener à faire des choses qu'ordinairement il ne voudrait ou ne pourrait faire. La vérité, bien sûr, c'est que le pouvoir est inhérent au sujet lui-même. Sans s'en rendre compte, mon sujet s'auto-hypnotise et se persuade alors qu'il peut ou ne peut pas faire ces choses. *Nul ne peut être hypnotisé contre son gré, chaque personne participe volontairement au processus hypnotique.* L'hypnotiseur professionnel n'est qu'un guide qui aide le sujet à accélérer le phénomène.

Cette démonstration des mécanismes de l'hypnose illustre assez bien, je crois, un principe psychologique qui pourra vous être d'une grande utilité. Ce principe est de plus en plus fréquent dans le milieu de l'éducation où l'étudiant fait son apprentissage par lui-même grâce à l'assistance du professeur. Et l'exemple est encore plus probant dans le domaine de la santé : les patients peuvent maintenant se guérir eux-mêmes avec l'aide professionnelle de médecins ou de praticiens qualifiés.

Lorsqu'un individu *croit* que quelque chose est vrai, qu'il ait raison ou non, il *agit* comme si cela était vrai. Il cherche instinctivement à réunir des faits pour appuyer sa conviction, même si elle n'est absolument pas fondée. Nul ne pourra le convaincre du contraire, à moins qu'à la suite d'expériences ou d'études personnelles, il soit disposé à changer d'idée. On peut donc facilement affirmer que lorsque quelqu'un accepte comme une vérité quelque chose qui est faux, *toutes ses réactions et ses gestes subséquents seront basés sur une fausse croyance.*

Cette idée n'est pas nouvelle. Depuis le début des temps, les femmes et les hommes ont été sous l'emprise d'une sorte de sommeil hypnotique dont ils n'avaient pas conscience, mais qui a été observé par les grands pédagogues et les grands penseurs de l'Histoire. Ces esprits éclairés se sont aperçu que le genre humain est constamment limité par de fausses certitudes et ils ont cherché à nous signaler nos possibilités qui peuvent aller bien au-delà de tout ce que nous pouvons imaginer.

Par conséquent, il est de la plus grande importance *que vous ne prétendiez pas connaître toute la vérité à votre sujet.* En d'autres mots, vous ne devez pas prendre pour acquis que ce que vous considérez comme vérité est vraiment la Vérité. Dites-vous plutôt que vous êtes présentement hypnotisé par des certitudes, des concepts et des valeurs erronés qui vous empêchent d'avoir une confiance totale en vous-même. Nous pouvons dès lors constater avec justesse le fait que vous et moi sommes, à peu de choses près, le résultat de ce que l'on nous a dit et de ce que nous avons appris, de ce que l'on nous a vendu et de ce que nous avons bien voulu acheter.

L'individu moyen ne réalise jamais une part importante de ses possibilités illimitées parce qu'il croit déjà *connaître*, à tort, la vérité. Il croit ce que lui ont dit ses parents, ce que lui ont appris ses professeurs, ce qu'il a lu et ce que lui a enseigné sa religion *sans jamais y avoir vraiment réfléchi*. Des millions et des milions d'individus ont aveuglément suivi la rhétorique de pseudo-spécialistes sans jamais s'assurer que les principes de ces « experts » étaient conformes aux réalités de la vie. Ces personnes se limitent davantage en conservant ces concepts, ces valeurs et ces croyances lorsqu'elles atteignent l'âge adulte. Heureusement, en ce qui vous concerne, quelqu'un ou quelque chose a éveillé votre intérêt pour des objectifs plus élevés qui incluent la découverte et le développement d'une personnalité possédant une totale confiance en elle-même.

Votre première tâche est de vous sortir de la condition hypnotique qui vous empêche présentement d'être celui que vous désirez être. Lisez la phrase suivante et *notez-la soigneusement* :

*La qualité de votre éveil sera directement*
*proportionnelle à la somme de vérité que*
*vous pourrez accepter sur vous-même.*

Relisez cette phrase ! Elle est la clé qui vous permettra de transformer votre vie. Pour reprendre les paroles du maître : « Découvrez la vérité, et la vérité vous libérera. »

Plusieurs des concepts présentés dans ce livre seront totalement opposés à ce que vous tenez actuellement pour la vérité. Certains vous sembleront même fantaisistes ou illogiques. Ils s'opposeront tellement à votre point de vue qu'en les lisant, vous direz : « Cela vaut d'être essayé », ou bien vous les rejetterez carrément. Cela nous ramène à ce que nous disions plus tôt : *votre vie sera transformée conformément à la somme de vérité que vous pourrez accepter sur vous-même.* Tirez profit de l'enseignement que renferme cette précieuse devise : « Connais-toi toi-même. »

Si vous désirez sincèrement améliorer votre vie, vous devez faire preuve d'ouverture d'esprit. Vous devez apprendre à comprendre ce que l'on dit sans qu'il vous soit nécessaire de le croire. Je ne vous demande pas d'accepter comme vrai tout ce que vous lirez dans ce livre pour la simple raison que j'affirme que c'est vrai. Si vous le faites, vous ne bénéficierez pas beaucoup de l'ouvrage. Vous devez vous-même faire l'expérience des principes. La conviction intime et l'assurance que vous obtiendrez lorsque vous aurez découvert par vous-même et à votre entière satisfaction, que ce que je vous présente comme étant la vérité *est* justement la vérité, sont les fondations sur lesquelles vous érigerez une personnalité tout à fait confiante.

Pour construire un édifice « fonctionnel » là où n'existe présentement qu'un édifice « inadéquat », il vous faut d'abord détruire la vieille structure, c'est-à-dire démolir ce que j'appelle les « certitudes erronées » qui vous empêchent de vivre la vie illimitée, abondante et totale que vous désirez vivre. C'est le sujet primordial de ce livre.

## Vos croyances vous emprisonnent

Que sont au juste ces fameuses croyances auxquelles je me réfère depuis le début de cet ouvrage? Ce sont des concepts provenant de notre perception de la réalité ou de notre inconscient que nous tenons pour vrais, et cela sans même savoir s'ils le sont vraiment, et qui forment la base de nos modèles de comportement et de notre morale. Ces croyances nous emprisonnent et nous interdisent l'accès à la réalité telle qu'elle est. Nos concepts erronés forment une sorte de « filtre » qui bloque le passage de la vérité dans sa totalité et *nous ne voyons plus que ce que nous voulons voir*, en rejetant tout le reste.

La vérité ne peut être révélée à celui qui est déjà fermement convaincu de la justesse de ses croyances. Vous connaissez le genre : l'individu qui cite constamment des faits. Il n'accepte rien à l'extérieur de ses croyances et considère tout ce qui n'y est pas conforme comme une menace. Il traverse la vie en qualifiant tout ce qui est nouveau, différent et révélateur de « mauvais » ou du moins « d'inacceptable », et tout ce qui est vieux, traditionnel et limitatif de « bon ». Il ne peut comprendre que la vérité, même lorsqu'elle est difficile à accepter, est toujours, de par sa nature même, « bonne », et que le mensonge, même lorsqu'on y est fortement attaché, est toujours, de par sa nature même, « mauvais ».

Pour protéger ses croyances, cette personne érige un mur autour de son univers. Les individus fermement convaincus de posséder la vérité sont entourés d'un grand mur, d'autres d'un petit mur, mais quelle que soit la taille de ce mur, il sert toujours davantage à s'isoler de la vérité qu'à s'en approcher.

Celui qui est fermement convaincu n'a pas la possibilité de changer ses croyances. Cela fait de lui un ignorant. Il ne peut connaître que ce qui se trouve à l'intérieur des murs dont il s'est entouré, et il ne peut explorer la vérité illimitée s'étendant à l'extérieur de ceux-ci. Ce qu'il ne réalise pas, c'est que la vérité est toujours plus vaste que toute structure destinée à la contenir.

Les croyances et la foi ne sont pas identiques, cependant, et ne doivent donc pas être confondues. Contrairement aux croyances, la foi n'est pas limitative. Elle reconnaît qu'il y a beaucoup à découvrir et à connaître et que l'on doit toujours s'efforcer de connaître de plus en plus la vérité. En fait, *tout est possible*. L'individu fermement convaincu croit toujours connaître la réponse. Celui qui a la foi, lui, conscient d'en savoir très peu, cherche toujours à être éclairé.

## Vos « certitudes erronées » vous limitent

Si vous souhaitez apporter un changement fondamental à votre vie, vous devez d'abord connaître la racine de vos problèmes. Invariablement, celle-ci est liée à vos « certitudes erronées ».

Les « certitudes erronées » sont des choses que vous croyez vraies mais qui, en fait, ne le sont pas. Elles sont généralement basées sur le rêve qui transforme la vérité et conduit à l'erreur. Nous voulons que les choses soient telles que nous voulons qu'elles soient plutôt que telles qu'elles sont vraiment. Nous voyons le monde à travers un verre rose qui permet à notre idéal de nous fermer les yeux à la réalité.

Vous ne pouvez changer le monde que dans la mesure où vous pouvez vous changer vous-même. Et vous ne pouvez vous changer vous-même que dans la mesure où vous avez identifié vos « certitudes erronées ». La plupart de nos problèmes proviennent des attentes que nous n'avons pas matérialisées, et la plupart de nos déceptions découlent de l'idéal erroné de ce que nous croyons devoir faire, conformément à notre niveau actuel de conscience. On appelle cela *résister à la réalité.*

Emerson disait : « Nous sommes ce à quoi nous pensons toute la journée. » Tout ce qui se produit présentement dans votre univers mental, physique, affectif et spirituel est le résultat de ce qui se passe dans votre esprit. Pour être plus exact :

*Vous acceptez, accueillez ou rejetez tout ce qui survient dans votre environnement mental et physique conformément à votre niveau actuel de conscience.*

Ce niveau de conscience est déterminé par votre éducation, votre environnement, votre vie familiale, les expériences de votre enfance, vos réussites, vos échecs et vos croyances religieuses.

Vous découvrirez que plusieurs des choses que vous croyiez vraies ne le sont pas en réalité. Cela inclura les valeurs constituant le fondement même de ce qui, selon vous, était la réalité. Tout au long de votre progression, vous découvrirez que le choix de vos valeurs, c'est-à-dire tout ce que vous acceptiez, accueilliez ou rejetiez auparavant, était fait en fonction de votre niveau de conscience, *lequel pouvait déformer ou même fausser la réalité.*

### Personne n'aime accéder à un niveau de conscience supérieur

Soyons francs! Nous avons tous de la difficulté à accéder à un niveau de conscience supérieur et ce, pour les raisons suivantes :

1. Nos concepts et les choses que nous imaginons sont fondés sur ce que nous tenons pour vrai, même si cela est tout à fait déformé ou erroné. Notre esprit contrôle nos actions et nos réactions.
2. Il est plus facile de trouver des excuses ou, comme nous préférons les appeler, des « raisons logiques » expliquant pourquoi il n'est pas nécessaire ou même possible de changer.
3. Nous ne recherchons que les expériences qui sont conformes à notre échelle de valeurs, et nous évitons, nous repoussons ou, si nécessaire, nous rejetons de toutes nos forces celles qui s'opposent à nos croyances du moment.
4. Nous avons programmé notre subconscient et notre système nerveux central de façon à ce qu'ils nous donnent de mauvaises réponses face aux diverses situations de la vie, et nous réagissons en conséquence. En d'autres mots, nous réagissons selon la manière dont nous avons été conditionnés à *sentir* et à *agir*. Ce système étant l'une de nos propres créations, nous seuls pouvons en modifier le fonctionnement.

Intellectuellement, peut-être sommes-nous d'accord pour dire que nous devrions changer, mais nous avons presque toujours l'impression que notre situation est exceptionnelle. Nous évitons, nous repoussons et, si nécessaire, nous rejetons énergiquement toute idée qui peut nous amener à quitter un comportement dans lequel nous nous complaisons. Voyez par exemple l'alcoolique. Selon son point de vue, il lui semble rationnel de continuer à boire. Le consommateur de drogues, le joueur invétéré et le boulimique ont tous la même opinion de leurs « habitudes » respectives. Ils excusent leurs gestes *en se basant sur leur niveau actuel de conscience*, quelque répréhensibles que soient ces gestes.

La principale difficulté que nous rencontrons lorsqu'il s'agit de modifier notre conscience erronée, réside dans notre refus de reconnaître et d'accepter *la réalité*, et s'il y a refus, c'est tout simplement que nos « certitudes erronées » ont faussé notre perception de celle-ci. C'est pourquoi il est important, de temps à autre, de remettre en question nos croyances afin de voir si notre point de vue est juste ou non. C'est là une leçon que nous pouvons puiser à même la Bible qui nous enjoint sans cesse « d'apporter des preuves » !

Les croyances de l'individu qui a une personnalité équilibrée et saine subissent un constant processus de réorganisation, mais une personnalité névrosée s'accroche à ses croyances, quelque fausses et déformées qu'elles puissent être. Habituellement, seule une crise majeure peut forcer le névrosé à modifier ses vieilles habitudes destructrices.

Si votre esprit a été programmé ou conditionné à croire en des valeurs et des concepts erronés et déformés, vous adopterez un mode de vie qui tendra à les justifier. Vous présumerez qu'il s'agit de la réalité, même si tel n'est pas le cas. Ensuite, vous réunirez un ensemble de faits concrets qui, eux, *vous donneront la preuve que vous avez raison.* Vous deviendrez comme un chien qui court après sa queue. Une « certitude erronée » en entraînera une autre, et ainsi de suite, jusqu'à ce que vous ne puissiez plus fonctionner rationnellement. Voici ce que Prescott Lecky, un des grands pionniers de la psychologie personnelle, écrit à ce sujet :

Le comportement névrotique résulte du fait qu'un individu s'efforce de maintenir la composition nucléaire acquise au cours de l'enfance et de la jeunesse ; sa conduite immature l'incite à offrir des résistances à toute nouvelle expérience, ce qui engendre des conflits pouvant nécessiter une restructuration de sa personnalité. Alors que les gens normaux subissent un constant processus de réorganisation nucléaire et connaissent des expériences de plus en plus enrichissantes, la personne névrosée s'accroche à des idées malsaines et irréalistes qui l'amènent à recourir à une intervention extérieure pour obtenir la réorganisation requise.

## Votre priorité : élargir le champ de votre conscience

Ce qui devrait vous tenir le plus à coeur dans la vie, c'est votre bien-être personnel et *l'expansion de votre conscience.* En effet, en élargissant le champ de votre conscience vous vous débarrasserez des « certitudes erronées » qui vous empêchent d'être la personne confiante que vous désirez être. Pour y parvenir :

1. Cessez de défendre de façon automatique et arbitraire vos notions personnelles du bien et du mal. En les défendant, vous devenez imperméable aux nouvelles idées. Vous devez faire montre de plus d'ouverture face à ces dernières et sans les adopter toutes, vous pouvez au moins leur laisser la porte entrouverte.
2. Réévaluez vos concepts, valeurs, croyances, idéaux, intérêts, craintes, limites, objectifs, espérances et obligations.
3. Identifiez vos *besoins réels* et voyez s'ils sont justifiés.
4. Apprenez à faire confiance à votre intuition.
5. Observez vos erreurs et essayez de les corriger ; soyez conscient du fait que celles-ci renferment cer-

taines des leçons les plus valables dont vous puissiez bénéficier.

6. Aimez-vous et aimez les autres.
7. Apprenez à écouter sans préjugés et sans penser automatiquement : « Cela est bon », « Cela est mauvais ». Apprenez à écouter ce que l'on dit sans nécessairement y croire.
8. Analysez le contenu des idées que vous défendez la plupart du temps.
9. Réalisez que l'éveil de votrte conscience vous fournira les moyens et la motivation nécessaires à votre amélioration.

Posez-vous les questions suivantes : Ma croyance est-elle rationnelle ? Pourrais-je me tromper ? S'il s'agissait de la croyance d'une autre personne, vous seriez capable d'une grande objectivité. Vous pourriez sans doute prouver de façon très convaincante pourquoi elle est fausse. Observez de la même manière vos propres croyances. Remettez *tout* en question et tirez vos propres conclusions en vous basant sur les preuves disponibles.

> L'individu n'obtient une réponse positive que lorsqu'il est prêt à faire face aux exigences que comportent un rigoureux examen et une bonne connaissance de soi. S'il persiste, non seulement découvrira-t-il une importante vérité à son sujet, mais il aura acquis un avantage psychologique. Il se dotera d'une nouvelle définition de sa propre dignité humaine et il aura franchi la première étape vers le fondement de sa conscience.
>
> Carl Jung

## Pourquoi vous pouvez changer

Le point culminant de tout changement est atteint lorsque nous modifions les croyances dominantes qui limitent notre conscience. Il nous est possible d'y parvenir parce que c'est *nous-même qui construisons notre propre univers.*

Le changement survient dans notre subconscient et notre imagination. Comme le soulignait le professeur James, *nous changeons d'abord les aspects profonds de notre pensée.* Nous savons, par expérience, qu'un changement extérieur se produira *après* que nous aurons changé *intérieurement.* En changeant nos *pensées ou croyances dominantes,* nous modifions notre perception de la réalité et, par conséquent, nos réactions face aux gens, aux événements et aux conditions qui régissent notre vie, sont elles aussi modifiées.

Dans le récit bien connu intitulé *Alice au pays des merveilles,* Alice, l'héroïne, avait un sérieux problème. Avant de pouvoir comprendre son nouvel univers, elle devait accepter de *nouvelles vérités* concernant ses vieilles et familières notions. Elle devait s'adapter à un nouvel univers. Si vous vous souvenez de l'histoire, elle a rencontré des cartes à jouer. Elle a remarqué qu'elles avaient deux côtés. Pour connaître vraiment la personne, elle devait voir les deux côtés de la carte. En d'autres mots, elle devait avoir une *vue d'ensemble.* Il doit en être ainsi de votre vie.

Avant de pouvoir faire de celle-ci une expérience plus positive, vous devez avoir une *vue d'ensemble* de vous-même. Vous devez vous voir comme les autres vous voient et voir le monde tel qu'il *est* vraiment, et non pas comme vous voudriez qu'il soit. Vous serez alors prêt à entreprendre la construction de ce pont qui reliera l'endroit où vous êtes maintenant à celui où vous souhaitez aller, la personne que vous êtes maintenant à celle que vous souhaitez devenir.

> La raison principale de la servitude intérieure de l'homme est son ignorance et, par-dessus tout, son ignorance de lui-même. Sans la connaissance de soi, sans la compréhension du fonctionnement de sa mécanique, l'homme ne peut être libre, ne peut se gouverner, et il restera toujours un esclave, l'équilibre des forces jouant en sa défaveur. C'est pourquoi, dans tous les enseignements de l'Antiquité, la première exigence de la libération était de « se connaître soi-même ».
>
> Gurdjieff

Jusqu'ici, votre plus grand problème a été de ne connaître ni celui que vous êtes, ni celui que vous devez être. Cette fausse image de vous-même vous a empêché de constater toute l'étendue de vos possibilités. Vous êtes comme un oiseau en cage qui n'a aucune idée de tout l'espace qui existe à l'extérieur. Vos « certitudes erronées » vous ont empêché de prendre conscience de votre valeur, de vos qualités et de votre potentiel, qui font de vous un être exceptionnel.

## Deuxième secret

# Servitude ou liberté ?

Vous deviendrez une personne ayant confiance en elle-même lorsque vous aurez appris à ne dépendre que de vous-même. Bien des personnes croient que celui qui est indépendant doit être distant, indifférent ou inamical avec les autres. Cette conception est totalement fausse. La personne qui a acquis une certaine indépendance peut se montrer compréhensive et chaleureuse à l'endroit des autres, tout en conservant son assurance et son calme. Capable de se débrouiller par ses propres moyens, elle ne ressent pas le besoin de manipuler les autres.

Le principal obstacle qui nous empêche de parvenir à cette forme d'autonomie, c'est que nous croyons que les autres sont plus intelligents, plus sages ou plus brillants que nous le sommes nous-mêmes. Ainsi, nous comptons sur autrui pour assurer notre bonheur et notre bien-être. Celui qui est dépendant, en ce sens, compte toujours sur quelque aide extérieure. Il souhaite que son entourage, les circonstances, les événements ou Dieu lui-même, accomplissent à sa place des tâches qu'il devrait exécuter. Cela l'amène à être dépendant, manipulateur, conformiste ; il se met alors à tout comparer et, surtout, à concurrencer les autres.

Dans le présent chapitre, nous constaterons jusqu'à quel point ces habitudes destructrices représentent de redoutables obstacles à l'acquisition de la confiance en soi, et de quelle façon elles vous empêchent de devenir une personne totalement indépendante. Mais auparavant, voyons ce que représente l'autonomie.

## L'autonomie

Être autonome, c'est non seulement croire que vous pouvez vous tirer d'affaire seul et réussir, mais c'est aussi avoir le courage d'être à l'écoute de vous-même afin de connaître le genre de réussite que vous espérez obtenir. Vous devez être à l'écoute de vos propres aspirations, et non pas à l'écoute d'une voix extérieure, pour avoir une idée précise de ce que vous souhaitez devenir. C'est en apprenant à être en accord avec nos aspirations et en vivant le genre de vie que nos talents et notre tempérament nous poussent à vivre, que nous sommes heureux et que nous réussissons. Nous devenons forts parce que nous sommes de plus en plus nous-mêmes.

## Reconnaître l'habitude de la dépendance et s'en défaire

L'absence d'autonomie est une servitude consentie. Elle est tout aussi dégradante pour la personne qui n'est pas autonome, que pour celle dont on dépend. Les deux parties sont également dépourvues d'autonomie car une telle relation repose sur une exploitation mutuelle.

L'aspect le plus déplorable de la dépendance est que lorsque vous avez l'impression de dépendre d'un autre individu, c'est que vous en dépendez effectivement. Vous avez négligé de développer l'autonomie nécessaire pour faire face à vos problèmes et, par conséquent, il vous est impossible de les résoudre vous-même.

Le fait de considérer les autres comme étant des êtres qui vous sont supérieurs est un signe évident d'une dépendance à l'égard d'autrui. Aussitôt que vous vous comparez à une autre personne, quelle qu'elle soit, vous vous exposez à cette servitude psychologique.

L'habitude de compter sur les autres et de dépendre de ceux-ci est si enracinée chez certains individus qu'ils abandonnent volontiers toute liberté individuelle au profit d'une personne, d'une philosophie ou d'une religion. Ils croient qu'ils seront plus en sécurité s'ils découvrent une personne ou une organisation plus forte ou plus savante qu'eux et envers laquelle ils pourront faire preuve d'une confiance aveugle. Ils laissent à cette personne, ce groupe ou cette religion l'entière responsabilité de leur destinée. Bien sûr, cela leur permet de rejeter le blâme sur quelqu'un d'autre lorsqu'un échec survient.

L'individu soumis et dépendant est à la merci de ceux qui l'entourent. En croyant les autres plus intelligents qu'il ne l'est, il recherche toujours quelqu'un sur qui compter lorsqu'un nouveau problème survient. Parce qu'il est subordonné à ceux dont il dépend, chacun de leurs conseils devient un commandement auquel il se sent tenu d'obéir. Et lorsqu'il y a , comme cela arrive souvent, plusieurs conseillers, il s'épuise en vain à essayer de découvrir lequel de tous ces conseils est le plus avisé.

Des conseils, il y en a partout. La plupart sont gratuits et n'ont aucune valeur. Vous disposez habituellement d'une douzaine de conseillers ou plus qui sont plus qu'heureux de vous donner leur opinion. Mais comme ceux-ci sont généralement absorbés par leurs propres problèmes et qu'ils ne savent pas vraiment ce que vous pourriez ou devriez faire, leurs conseils sont invariablement erronés. En définitive, le fait d'accepter l'avis d'une personne non qualifiée équivaut à consulter un plombier pour vos soins dentaires. La plupart des gens ne peuvent résoudre leurs propres problèmes, alors comment voulez-vous qu'ils vous conseillent de faire ce qu'ils sont eux-mêmes incapables de réaliser ?

Surmonter la dépendance n'est pas chose facile. Nous avons été conditionnés depuis l'enfance à compter sur les autres : ils ont été responsables de notre bien-être, de notre développement et même de notre conduite. Bien que cette dépendance joue un rôle dans notre croissance et notre éducation, elle n'a pas pour objet de détruire notre identité. Chacun de nous possède la capacité innée de résoudre ses propres problèmes.

Lisez ce qui suit et notez-le bien : *Nul ne pourra jamais vous laisser tomber si vous ne comptez que sur vous-même.* Nul ne peut vous blesser, vous rendre malheureux, vous mettre en colère ou vous décevoir si votre bien-être, votre équilibre, vos sentiments et votre motivation ne dépendent que de vous-même, et non des autres.

Celui qui est autonome ne ressent pas le besoin de se trouver un maître. Il est en mesure de faire face aux difficultés de la vie avec confiance et force en examinant chaque situation à la lumière de la réalité. Il voit les choses telles qu'elles sont, et non pas comme il voudrait qu'elles soient, et il refuse de faire en sorte que sa vie soit dominée par ses rêves.

Une fois devenu autonome, vous n'avez plus à remettre les choses au lendemain ou à fuir les difficultés car vous avez assez d'assurance pour faire face à toutes les situations de la vie avec confiance et aplomb. Vous n'avez plus d'inquiétudes parce que vous savez que vous avez la situation bien en mains. Vous n'êtes pas isolé de la source de votre pouvoir. Vous n'avez pas besoin de l'inspiration et de la stimulation des autres pour agir, car votre motivation provient de l'intérieur. Vous traversez la vie en réalisant que votre pouvoir intérieur peut résoudre tout problème qui risque de survenir.

### Pour surmonter le besoin de manipulation

Tout jeune enfant, vous ne saviez ni ne vous intéressiez à ce qui se passait autour de vous. Vous n'étiez préoccupé que par votre bien-être. Votre vulnérabilité vous laissait à la merci de ce que les autres voulaient bien vous donner ou faire pour vous. Votre plus grand bonheur était d'être nourri, bercé et dorloté ; votre préoccupation principale était d'obtenir le plus d'attention possible.

Vous avez rapidement découvert qu'en vous mettant à pleurer, vous pouviez obliger un adulte à pourvoir à vos besoins. L'ennui vous prenait-il ? Vous vous mettiez à pleurer et quelqu'un se présentait pour vous consoler. Le sourire vous donnait aussi des résultats exceptionnels. Alors vous avez vite appris à sourire lorsqu'on vous prenait et à pleurer lorsqu'on vous déposait dans votre berceau.

Ce simple exercice de manipulation allait marquer le reste de votre vie. Vous avez consacré votre enfance tout entière à apprendre à faire bonne impression sur les autres et à les amener à vous accorder de l'attention. C'est ainsi que, déjà, vous vous programmiez à dépendre de l'approbation des autres et à vous sentir rejeté advenant leur désapprobation. Durant l'enfance, un tel comportement était excusable, mais parvenu à l'âge adulte, il devient dégradant. Si vous essayez toujours de manipuler les autres pour *les amener à faire ce que vous pouvez faire vous-même*, vous ne pouvez vous considérer comme étant une personne mature.

On a de plus en plus tendance, de nos jours, à permettre un tas de choses aux enfants et à exiger de moins en moins de leur part. Les parents qui accomplissent des tâches que leurs enfants devraient eux-mêmes faire, nuisent à ceux-ci et les empêchent, de cette façon, d'acquérir une certaine indépendance. Parce qu'ils passent les dix-huit premières années de leur vie à dépendre des autres, ces enfants sont confinés à un rôle de prisonnier qui peut bénéficier de privilèges pour bonne conduite. Il est intéressant de noter que ce phénomène ne se retrouve que chez les humains. Toutes les autres espèces animales font en sorte que leurs petits soient confrontés, peu après leur naissance, au monde réel où ils apprennent vite à devenir indépendant.

Le plus grand don que puissent faire des parents à un enfant est de l'aider à avoir confiance en lui-même en le rendant autonome. On doit donner aux enfants, quel que soit leur âge, autant de responsabilités qu'ils peuvent en assumer. C'est en essayant de devenir indépendants qu'ils apprendront que l'un des plus grands privilèges de la dignité humaine est de se tenir debout sur ses deux pieds.

Les parents ont la responsabilité fondamentale d'aider leurs enfants à passer en douceur de la dépendance à l'autonomie. Dans le processus de transition, on doit permettre aux enfants de commettre des erreurs. Il ne faut pas les protéger à l'excès. S'ils doivent échouer, laissez-les faire. Ils tireront profit de l'expérience. Le fait de renverser un verre d'eau n'est pas une catastrophe. Sinon, il n'est pas étonnant que, plus tard dans la vie, lorsqu'ils devront poser un geste, ils disent : « Je ne peux pas ! » À moins d'être certains du résultat, ils refuseront de tenter quoi que ce soit parce que l'excès de protection de leurs parents leur aura toujours facilité les choses.

Chaque fois que vous faites pour un individu une chose qu'il peut accomplir lui-même, vous le volez littéralement. Plus vous aimez quelqu'un, plus vous devez vous efforcer de ne pas lui enlever les occasions de penser et d'agir de son propre chef, quelles qu'en puissent être les conséquences physiques ou émotives. Cela s'applique non seulement aux relations parents-enfants, mais aussi à celles entre les conjoints au sein d'un couple, à celles existant entre les membres d'une même famille, et à toutes les autres formes de rapports interpersonnels. Nous ne pouvons vivre à la place des autres, ni porter leurs fardeaux, même si nous les aimons beaucoup.

Le cordon ombilical doit être coupé dès le début de l'adolescence. On doit exiger des adolescents qu'ils quittent le foyer dès l'âge de dix-huit ans ou à la fin de leurs études collégiales. De nombreux parents s'opposeront à cette idée en se fondant sur des raisons apparemment logiques. Mais il n'en demeure pas moins que rien n'est plus favorable au développement de l'autonomie que le fait de quitter le domicile des parents. Nous ne prétendons nullement que ce soit la seule raison, mais on peut affirmer que la plupart des individus ayant réalisé de grandes choses dans tous les domaines, qu'il s'agisse des affaires, de la politique, des arts ou des sciences, ont été forcés, par des circonstances indépendantes de leur volonté, ou ont décidé d'eux-mêmes de s'émanciper très jeunes.

Nous entendons des excuses du genre : « Nous voulons les aider dans leurs études », « Ils auront moins de difficultés financières s'ils vivent à la maison », « C'est juste en attendant qu'ils s'établissent », « Ils n'ont pas les moyens de se loger et d'étudier », etc. En réalité, tout cela peut vouloir dire : « Je veux avoir mon mot à dire concernant la vie de mes enfants. »

Les parents qui adoptent et cultivent cette attitude retardent tout simplement l'échéance et ont plus de difficulté à déterminer le moment où leurs enfants devront affronter le monde adulte. En abusant de leur amour de parents, ils encouragent ceux qu'ils aiment à dépendre des autres et à attendre leur aide comme s'ils demeuraient de petits enfants.

Il convient d'apporter certaines précisions. Il n'est pas dit que vous ne devez pas aider ou soutenir vos enfants ou votre conjoint. Ce que nous disons, c'est que vous devez leur donner la liberté individuelle *d'accomplir ce qu'ils sentent devoir accomplir* pour croître et s'épanouir. Vous pouvez leur apporter votre assistance. Prodiguez-leur de l'amour, de l'encouragement, et reconnaissez leurs réalisations. Ce sont là des éléments vitaux de la croissance qu'ils ne peuvent se donner eux-mêmes. L'aide financière ne doit être offerte que si une entente est conclue pour son remboursement ultérieur.

Les individus qui n'ont pas appris à être autonomes sont forcés de manipuler les autres afin d'obtenir ce qu'ils veulent. Si vous n'êtes pas autonome, vous êtes obligé de compter sur votre aptitude à influencer les autres afin qu'ils vous servent et comblent vos besoins. Si vous vous servez des autres pour cheminer dans la vie, vous ne pourrez aller plus vite ou plus loin qu'ils ne le peuvent eux-mêmes. Et soyez conscient, si vous avez des enfants, des gestes que vous posez et qui peuvent les maintenir dans un état de dépendance ; rappelez-vous qu'ils paieront très cher ce type de comportement.

### Le conformisme : une habitude néfaste

La plupart d'entre nous avons grandi sans même avoir eu l'opportunité de prendre des décisions majeures. Les adultes nous ont souvent privés de cette responsabilité et ont pris ces décisions à notre place. Lorsque nous tentions de prendre une décision ou d'émettre une opinion, on n'y accordait guère d'importance. Nos parents constituaient l'autorité suprême. Nous devrions nous plier à leurs exigences, ou encore il nous fallait trouver le moyen de nous y soustraire.

C'est au début de l'adolescence qu'il nous a semblé de plus en plus évident que nous aurions bientôt à décider par nous-mêmes. Cela peut s'avérer une expérience terrifiante, car l'adolescent moyen entre dans le monde adulte alors qu'il est très peu préparé à ce qui l'attend. Notre façon d'élever les enfants et notre système d'éducation ont largement ignoré cet aspect vital et nécessaire de notre croissance.

C'est à ce stade de notre vie que nous prenons la décision fatale d'opter pour le conformisme. Durant l'enfance, nous avons été entraînés à obéir ou à subir les conséquences de notre désobéissance ; aussi ne faut-il pas s'étonner du fait qu'au début de notre vie adulte, la plupart d'entre nous choisissions le conformisme comme étant le mode de vie le plus facile et le plus convenable.

Nous préférons éviter de faire des vagues parce que notre besoin d'approbation est habituellement beaucoup plus fort que notre désir d'accomplir ce qui nous tient vraiment à coeur.

Le conformisme est un des plus grands maux psychologiques de l'humanité. Celui qui se retrouve aux prises avec cette habitude destructrice ne fait jamais rien de valable dans la vie. Il veut être quelqu'un de bien, d'indépendant, et il veut réaliser des choses importantes. Mais il ne le peut pas. Son constant besoin d'approbation l'empêche de parvenir à ses fins.

Le conformiste recherche toujours l'approbation des autres. Il n'est jamais rassuré. Il court d'une personne à l'autre, à la recherche de compliments et d'encouragements pour sa conduite et ses gestes. Enfant, il se tournait vers ses parents et ses professeurs ; sur le marché du travail, c'est vers son patron et ses camarades de travail qu'il se tourne ; à la maison, c'est vers son conjoint. Il doit toujours avoir quelqu'un autour de lui pour l'encourager et lui dire qu'il fait du bon travail. Cela le réconforte de la piètre estime qu'il a de lui-même. En recherchant constamment l'approbation des autres, il échappe à l'une de ses responsabilités qui est de créer sa réussite et son bonheur par ses propres moyens, et par conséquent, il compte sur les autres pour assurer son bien-être. En fait, il devient l'esclave de ceux-ci. C'est un individu qui ne peut imaginer ce que serait sa vie s'il essayait d'être autonome.

Retenez bien ceci : le contraire de la bravoure n'est pas la lâcheté mais le conformisme. Nous ne devrions jamais confier à un autre être humain le pouvoir de diriger ou de détruire notre vie, non plus que celui de contrôler nos actions.

## Comment la comparaison suscite la crainte

Se comparer aux autres dénote un manque de confiance en soi. Celui qui se compare aux autres vit habituellement dans la crainte. Il craint ceux qu'il croit supérieurs à lui-même. Parce qu'il les croit plus intelligents, il se sent incapable de s'affirmer devant eux. Il craint également ceux qu'il croit inférieurs parce qu'il a l'impression qu'ils sont à la veille d'atteindre son niveau. S'il est à l'emploi d'une grande entreprise, il regarde sans cesse autour de lui pour voir qui pourrait le surpasser. Plus il atteint des sommets élevés, plus grande est sa crainte de se voir dépassé par les autres.

Il conclut que la seule façon de s'en tirer est de battre les gens à leur propre jeu. Mais comme sa préoccupation principale est de toujours devancer d'un échelon la personne qui le suit immédiatement sur son échelle imaginaire, sa vie perd tout son sens.

## La compétition tue la créativité

Toutes les formes de compétition engendrent l'hostilité. Elles peuvent sembler amicales, en apparence, mais leur but premier est toujours de découvrir qui est *le meilleur*. Vous êtes sur cette terre pour *créer*, et non pour faire compétition à qui que ce soit, alors si celle-ci est votre seule motivation dans tout ce que vous entreprenez, vous serez littéralement assuré d'échouer chaque fois. Nous voulons dire que le but de la vie est d'*être* et non pas de faire de la compétition. Comme le dit un spécialiste : « Je suis *pour* moi, et non *contre* les autres ! »

Bien qu'il puisse sembler que le monde soit un lieu de compétition, il n'en est ainsi que pour ceux qui ressentent ce besoin. Bien sûr, la plupart des gens rejetteront cette idée parce qu'au cours de leur enfance la compétition, avec ses différents concours d'adresse et le drapeau national brandi bien haut, tenait une place prépondérante. Si vous leur demandez s'ils croient que la compétition est saine, ils vous répondront avec enthousiasme qu'elle est non seulement saine mais indispensable ! Ils ont l'impression qu'elle donne un sens, un but à la vie, qu'une personne a besoin d'être récompensée pour avoir fait du bon travail. *Ils ne réalisent jamais que la récompense résulte de l'action elle-même et non pas du résultat final.*

Nous entrons en compétition avec les autres lorsque nous ne sommes pas sûrs de nous-mêmes et de nos aptitudes. *La compétition n'est pas autre chose qu'une imitation.* Elle provient du besoin infantile d'agir comme les autres. L'individu compétitif sent que les autres sont meilleurs que lui et il s'efforce alors de prouver le contraire. Comme il se compare sans cesse à ceux qui l'entourent, cet individu lutte constamment avec ceux qu'il croit meilleurs que lui. Il a toujours besoin d'affronter les autres pour se prouver à lui-même sa valeur.

Par ailleurs, l'individu autonome ne ressent pas ce besoin. Il lui importe peu de savoir ce que font et valent les autres. Étant conscient de sa valeur, *il cherche à atteindre l'excellence.* Il n'entre en compétition qu'avec lui-même ; sa croissance personnelle devient sa seule préoccupation.

## Reconnaissance et louange

*La louange*

Oh combien nous aimons la douce musique de la louange ! La plupart des gens feraient à peu près n'importe quoi pour l'entendre. Ils consacreraient leur argent, travailleraient de longues heures, subiraient des contraintes physiques ou mentales pour un seul mot d'approbation. Tout comme le drogué qui a besoin de sa dose, ils sont prêts à faire n'importe quoi pour satisfaire leur besoin. Ils vont d'un trafiquant de louanges à un autre, sans pouvoir se passer de cette approbation. Et plus cette habitude est ancrée, plus ils laissent le contrôle de leur vie à d'autres.

La recherche de la louange vous oblige à prouver sans cesse votre valeur. Chaque fois que vous commettez une erreur ou que vous faites quelque chose qui ne convient pas à quelqu'un, vous vous sentez « inférieur » aux autres. Vous vous blâmez alors et vous vous sentez coupable de ne pas faire ce que vous « devriez » faire. Vous vous demandez constamment : « Ai-je fait un assez bon travail ? » Mais celui qui passe sa vie à essayer de faire un « assez bon travail » développe le besoin irrépressible d'être ou de faire mieux que les autres. Et ainsi ses maux s'accumulent. Peu importe l'intensité des efforts que vous déployez afin de faire mieux qu'un autre dans quelque domaine que ce soit, vous ne vous sentirez jamais à la hauteur parce qu'il y aura toujours quelqu'un qui vous surpassera : il aura plus d'argent, une plus belle maison, un plus grand prestige, une meilleure condition physique, etc. C'est un jeu où vous serez toujours perdant.

Qu'est-ce donc alors que cette louange qui nous fait tourner comme des mouches autour d'un bol de sucre ? C'est le prolongement de notre dépendance d'enfant, alors que notre existence était assujettie à l'approbation de nos parents. Nous étions conditionnés par la louange et le blâme. Lorsque nous étions obéissants et soumis, nous étions récompensés. Lorsque nous désobéissions, nous étions punis. Le système de récompenses et de punitions est tellement ancré dans notre subconscient et notre système nerveux central que nous réagissons automatiquement à toute forme de louange et de blâme. Comme nous avons passé une grande partie de notre enfance et de notre adolescence à essayer de plaire à nos parents, nous avons tendance à passer la majeure partie de notre vie d'adulte à essayer de plaire aux autres.

L'aspect le plus néfaste de la louange est celui qui vous pousse à vous identifier à vos actions. En fait, la louange vous incite à penser que vous êtes « bon » si vous accomplissez de « bonnes » actions, et que vous êtes « mauvais » si vous commettez une erreur ou si vous agissez « mal ». Chaque fois que vous ne vous conformez pas aux normes de la personne qui vous louange, vous croyez avoir déçu celle-ci et vous vous sentez coupable. Par conséquent, ceux qui vous louangent sont en mesure de contrôler la majeure partie de votre vie. Aussi longtemps que vous répondrez à leurs attentes, ils combleront vos besoins, mais lorsqu'ils exigeront plus de vous que ce que vous êtes capable de donner, ils vous retireront leur louange et vous tiendront par un sentiment de culpabilité. Ils savent bien que s'ils peuvent vous inculquer ce sentiment, vous ferez alors à peu près n'importe quoi pour regagner leur approbation.

Si vous voulez être totalement libre et confiant, vous devez éviter ce piège. Pour vous défaire de cette habitude néfaste, vous devez cesser de *considérer les autres comme étant des êtres qui vous sont supérieurs*. Ne surestimez jamais les autres, pour quelque raison que ce soit. En agissant ainsi, vous n'aurez plus à rechercher leur approbation : leurs louanges et leurs blâmes ne vous toucheront plus.

*La reconnaissance*

Il y a une énorme différence entre la louange et la reconnaissance. La reconnaissance, au sens où nous l'entendons ici, est une constatation des faits. Ce n'est ni un compliment ni un jugement de valeur. Comme son nom l'indique, il s'agit de la reconnaissance du fait qu'une personne agit de son mieux, compte tenu de son niveau de connaissance actuel.

La différence majeure qui distingue la louange de la reconnaissance, c'est que la première implique un jugement de valeur. Si vous dites à quelqu'un qu'il est formidable parce qu'il vous rend service, vous lui dites aussi qu'il le sera beaucoup moins s'il ne réalise pas vos désirs. Si votre enfant vous apporte des fleurs, ne lui dites pas : « Tu es gentil de m'apporter des fleurs. » Si vous le faites, vous supposez qu'il n'est pas gentil s'il ne vous apporte pas de fleurs. Dites plutôt : « Merci pour les fleurs, je les apprécie beaucoup. » De cette façon vous reconnaissez son geste sans porter de jugement de valeur sur l'enfant lui-même.

Les adultes, les adolescents et surtout les enfants sont beaucoup plus sensibles à la reconnaissance qu'à la louange. Ils ont constamment besoin de sentir qu'ils occupent une large place dans la vie de ceux qui les entourent. Ils veulent être traités comme des personnes, et non comme des objets ; ils désirent qu'on les accepte tels qu'ils sont, et non tels qu'ils « devraient être ». Si l'on reconnaît ce qu'ils font en tenant compte de leurs capacités, ils auront alors le sentiment d'être reconnus en tant qu'individus et sauront qu'ils ne sont pas évalués uniquement en fonction de leurs actions ; ils auront l'impression d'être uniques et talentueux, qu'ils se montrent ou non à la hauteur des normes des autres.

La différence entre la louange et la reconnaissance est sans doute très subtile, mais elle devient très importante lorsqu'il s'agit du développement de la confiance en soi chez un être humain. Lorsque les gens n'obtiennent pas la reconnaissance dont ils ont besoin pour se sentir acceptés en tant qu'individus, ils se mettent à rechercher la louange et deviennent vite prisonniers de cette dernière.

## Libérez-vous des autres

Nous avons déjà vu le prix élevé que nous coûte notre manque d'autonomie et nous savons à quel point nous devons nous efforcer de nous défaire de l'emprise que les autres exercent sur nous. Mais nous demeurons tout de même réticents à perdre l'approbation de la famille, des amis, des camarades de travail et de nos pairs en faisant ce que nous savons qu'il est de notre devoir de faire. Ainsi, nous laissons passer les occasions les unes après les autres, craignant de payer le prix de notre émancipation. *Nous pourrions nous libérer n'importe quand.* Alors ne nous racontons pas d'histoires ; c'est à nous seuls de régler ce problème.

Votre responsabilité fondamentale n'est rien d'autre que votre propre bien-être physique et affectif. En ne vous libérant pas, vous perpétuez une situation de dépendance mutuelle qui vous emprisonne, vous et les personnes sur lesquelles vous comptez. Par contre, si vous comblez d'abord vos propres besoins, il ne fait aucun doute que les personnes qui vous entourent sauront surmonter leur peine et leur déception et, ce qui est plus important, elles vous respecteront.

*Rien ne peut vous empêcher d'acquérir de l'assurance* si vous le voulez vraiment. Mais si vous ne parvenez pas à vous libérer de cette « certitude erronée » qui laisse croire que la dépendance, la manipulation, le conformisme, la comparaison et la compétition sont des comportements essentiels à votre bien-être, vous ne serez pas capable de fonctionner en tant qu'individu. Ce n'est que lorsque vous serez prêt à tout faire pour vous libérer aux plans mental, affectif, physique et spirituel que vous serez capable d'être la personne confiante que vous souhaitez devenir.

Servitude ou liberté ? À vous de choisir !

## Troisième secret

# L'art de s'accepter

La reconnaissance de votre valeur en tant qu'individu est un autre facteur crucial dans votre démarche pour l'acquisition de la confiance en soi. Presque tous vos problèmes sont le résultat direct ou indirect de ce que vous pensez de vous-même. Il ne fait aucun doute que *l'estime que vous avez de vous-même détermine ce que vous êtes et ce que vous deviendrez ;* et ce que vous pensez de vous-même lorsque vous vous comparez aux autres est en relation avec votre degré d'acceptation de vous-même. Ces attitudes sont fondamentalement inconscientes et ont été programmées dans votre subconscient dès le début de votre enfance.

L'estime positive de soi n'est pas l'acceptation *rationnelle* de ses talents ou de ses réalisations. C'est une acceptation globale de sa personne. L'acquisition d'une estime positive de soi n'a pourtant rien d'égocentrique. Vous n'êtes pas amoureux de vous-même d'une manière égoïste. Vous prenez tout simplement conscience du fait que vous êtes une personne unique et exceptionnelle ; une personne qui n'a pas besoin d'impressionner les autres par ses réalisations ou ses possessions matérielles. En fait, celui qui se vante constamment est plutôt victime du symptôme classique de l'estime *négative* de soi.

En surface, la plupart des individus semblent avoir une estime positive d'eux-mêmes. Mais tel n'est pas toujours le cas. Et l'une des tragédies de notre époque est bien celle de ses leaders, professeurs, inventeurs, artistes et autres qui ont beaucoup apporté à l'humanité mais qui sont tout de même victimes d'une piètre estime d'eux-mêmes. Certains des personnages les plus admirés de l'Histoire sont devenus drogués, alcooliques ou se sont même suicidés juste pour échapper à un *moi* qu'ils n'avaient jamais vraiment accepté et que souvent, ils en étaient venus à détester.

L'acquisition d'une estime positive de soi ne vous permettra pas simplement de vous rendre heureux ; elle sera la fondation sur laquelle vous érigerez votre vie tout entière. Si vous espérez vraiment vous libérer, c'est une tâche que vous devez prendre au sérieux. Si vous ne le faites pas, vous verrez votre piètre estime de vous-même empirer et vous finirez comme un trop grand nombre de personnes qui, au moment où vous lisez ces lignes, sont assises chez elles en train de s'apitoyer sur leur sort.

Afin de savoir si votre comportement et votre personnalité sont ceux d'une personne ayant une piètre estime d'elle-même, il est important de voir de quelle façon celle-ci se développe et, surtout, comment elle se manifeste. Vous verrez alors ce qu'il convient de faire afin de vous améliorer.

## Au commencement

Il y a trois causes majeures responsables du développement de la piètre estime de soi. La première est constituée des croyances, des valeurs et des concepts néfastes que vous ont inculqués vos parents. La seconde provient des humiliations subies lors de vos études, suite à l'enseignement de concepts erronés ou encore suite à des résultats médiocres obtenus lors de tests d'intelligence et évaluations professionnelles. La troisième découle d'un conditionnement religieux négatif ou l'on a par trop insisté sur des sentiments de culpabilité et de mépris de soi. Bien qu'il y ait beaucoup d'autres facteurs à considérer en ce qui concerne le développement de la piètre estime de soi, ceux-ci sont les plus importants. La suite de ce chapitre portera sur le premier d'entre eux.

Le facteur le plus déterminant de notre manque d'estime personnelle est de loin celui qui est imputable à nos parents. Cela s'applique surtout à la mère, la personne avec laquelle nous passons la majorité de nos jeunes années. La plupart des adultes véhiculent de faux concepts, de fausses valeurs et de fausses croyances, et ils les transmettent à leurs enfants par le biais de leurs attitudes, de leurs gestes et de leurs réactions, de la même façon que se transmettent les maladies contagieuses. Si nos parents se sentent de quelque manière que ce soit incapables et inférieurs, nous, en tant qu'enfants, nous nous sentons dénués de valeur et, conséquemment, nous sommes incapables de faire face au moindre problème tant à la maison qu'à l'école. En définitive, les « faux concepts » de nos parents deviennent les « certitudes » de notre existence. Ce qui suit vous aidera à mieux comprendre comment cela se produit.

À votre naissance, la dimension de votre cerveau était environ le huitième de la dimension de celui d'un adulte. À dix-huit mois, il avait atteint la moitié de la taille du cerveau adulte, et à l'âge de cinq ans, environ les cinq sixièmes. C'est la partie de votre corps qui a connu la croissance la plus rapide. *Les impressions que votre cerveau enregistre, au cours de cette période de croissance rapide, demeurent en permanence et ce sont elles qui déterminent votre modèle de comportement.* Si l'un ou l'autre de vos parents avait une piètre estime de lui-même à cette époque, vous pouvez être assuré que votre cerveau d'enfant l'a facilement enregistré.

Tout a commencé lorsque vous avez commis votre première erreur et que l'on vous a dit que vous étiez une mauvaise fille ou un mauvais garçon. Vous avez mal interprété cela et vous vous êtes perçu comme étant mauvais, alors qu'en réalité, seule votre *action* était mauvaise. La vérité est qu'un enfant ne peut être mauvais. La seule chose qui soit « mauvaise » chez l'enfant, c'est son degré d'éveil de *conscience* qui n'est pas suffisant pour lui permettre d'effectuer les choses correctement.

Évidemment, il y a certaines choses qu'un enfant ne doit pas faire, des actions répréhensibles qui commandent des mesures disciplinaires raisonnables. Mais en soi, ces gestes ne rendent pas l'enfant mauvais. En vous faisant dire que vous étiez une mauvaise fille ou un mauvais garçon, vous vous êtes identifié à vos gestes plutôt que de reconnaître que *ces gestes n'étaient que les moyens que vous choisissiez pour combler vos besoins dominants*, et que votre choix, dans certains cas, pouvait être malavisé et inacceptable. Lorsqu'un enfant ne comprend pas cela et se croit fondamentalement mauvais, il se méprise et développe un complexe d'infériorité qu'il programme dans son subconscient. Ces sentiments se manifesteront subséquemment sous forme de honte, de condamnation de soi, de remords et, pire encore, de culpabilité.

Une piètre estime ou une estime négative de soi se développe graduellement à force de s'abaisser par comparaison avec autrui. Lorsque les parents comparent un enfant avec son frère, sa soeur ou une personne extérieure à la famillle, ils accroissent le complexe d'infériorité naissant chez celui-ci. Il en vient à accepter ces failles comme faisant partie de lui et comme il se compare aux enfants du même âge qu'il admire, il est en mesure de constater que ceux-ci ont en effet plus de force, d'habiletés, de popularité et d'assurance qu'il n'en a lui-même ; il se retrouve donc rapidement écrasé par son complexe d'infériorité. Si les parents tempéraient leurs critiques par des phrases encourageantes et évitaient toute forme de comparaison, ce type de réaction pourrait être évité.

Le manque de reconnaissance ou d'appréciation de l'individualité de leurs enfants est une autre erreur des parents. En effet, la plupart de ceux-ci accordent peu d'importance aux sentiments, aux désirs et aux opinions propres à leurs enfants ; ils les repoussent avec des maximes du genre : « Les enfants doivent être visibles mais silencieux » ou « Tes parents le savent mieux que toi » ! *Ils considèrent tout désaccord comme un affront personnel ou un manque flagrant de respect à leur endroit.* D'éminents analystes s'entendent pour dire que cette attitude est due à une piètre estime de soi qui se manifeste par un constant besoin d'avoir raison. Ces parents croient que seul leur enfant a un problème, mais en fait, le problème est mutuel.

Il est triste de constater qu'un grand nombre de parents vivent leur vie à travers leurs enfants. Ayant décidé que leurs rejetons seront ce qu'ils ont secrètement tenté eux-mêmes de devenir, ils poussent ces derniers dans cette voie, sans tenir compte de leurs capacités. Ils désirent que les réalisations qui leur ont échappé se concrétisent chez leurs enfants. Bien sûr, cela est nuisible au développement de ceux-ci. Ce que ces parents ignorent, c'est que si leurs enfants sont incapables de se montrer à la hauteur de leurs normes déraisonnables, c'est tout simplement parce qu'ils n'ont jamais développé ou n'ont jamais eu la capacité émotive, mentale ou physique de le faire.

D'autre part, l'apparence physique est, bien plus qu'on ne le croit, une cause majeure de la piètre estime de soi. De nombreux enfants souffrent de troubles physiques, nerveux et affectifs à cause de leur apparence physique. En se faisant constamment rappeler qu'ils sont trop gros, trop grands, trop faibles, etc., ils développent un profond sentiment d'infériorité qui devient difficile à surmonter par la suite.

Par ailleurs, certains parents accodent beaucoup de valeur à l'argent et aux possessions matérielles. L'enfant s'identifie à cela et, devenu adulte, il se retrouve prisonnier d'un mode de vie matérielle dans lequel il doit constamment lutter et calculer. Il fait souvent un mariage d'argent et paie très cher ce qu'il obtient en retour. Il est fréquemment obligé, comme on le dit couramment, de dépenser de l'argent qu'il n'a pas, pour des choses dont il n'a nul besoin, uniquement dans le but d'impressionner son entourage. Le matérialisme fausse la perception que l'enfant a de sa valeur réelle, et celui-ci sera obligé, plus tard, de rechercher la richesse afin de compenser son sentiment d'infériorité.

Le chapitre qui précède expliquait les raisons pour lesquelles la plupart des parents échouent complètement lorsqu'il s'agit de rendre leurs enfants autonomes. Les parents trop autoritaires, trop permissifs ou trop possessifs sont généralement ceux qui font de leurs enfants des handicapés au plan émotif. N'ayant pas la motivation nécessaire pour faire face aux situations de la vie avec calme et assurance, l'enfant remet tout à plus tard et emprunte la voie de la facilité. Le manque d'autonomie donne naissance à un sentiment d'incapacité qui est à la base d'une piètre estime de soi.

Examinons une autre conséquence de l'ignorance des parents. Contrairement à ce que l'on croit, l'éducation d'un enfant basée sur un système de récompenses et de punitions perpétuera à coup sûr le manque d'estime de soi. L'enfant doit pouvoir faire preuve d'initiative et, sans crainte de châtiments, commettre toutes les erreurs que nécessite son apprentissage de la vie. Il ne fait aucun doute que lorsqu'il aura fait cet apprentissage, il ne répétera pas ses erreurs. Il saura que, quoi qu'il fasse, il obtiendra sa propre récompense ou subira les conséquences de ses erreurs. Plus vite il réalisera cela, mieux ce sera !

L'aspect le plus nuisible de l'interdépendance est que nous perpétuons de génération en génération notre manque d'estime de soi. Des recherches ont démontré que les comportements suicidaires se répètent au sein d'une famille. Après ce que vous venez de lire, cela ne devrait pas vous étonner. Il est évident que, si le manque d'estime de soi se transmet de génération en génération, les conséquences risquent d'être extrêmes dans certains cas.

En plus de contaminer nos enfants par notre complexe d'infériorité, nous avons tendance à contaminer tous ceux avec lesquels nous entrons en contact. Si nous sommes en mesure d'influencer les autres, si nous sommes enseignants ou membres du clergé par exemple, nous transmettons le mal à ceux qui comptent sur notre leadership et notre inspiration. Ils ressentent intuitivement le peu d'estime que nous avons de nous-mêmes et en sont inévitablement affectés. J'ai donné des consultations à des centaines de personnes qui n'ont pas suffisamment d'assurance pour faire face aux situations de la vie. Chacune de ces personnes est la victime d'un manque d'estime de soi qu'on lui a inculqué à la maison, à l'école ou par le biais d'un conditionnement religieux négatif.

Ce manque d'estime de soi nous amène à adopter certains comportements. Ceux-ci peuvent être définis comme étant les moyens que nous prenons pour fuir les exigences de la vie quotidienne. Ce sont des prétextes, des alibis qui nous permettent d'éviter temporairement de faire face à la réalité. La gravité de comportement que nous empruntons est directement proportionnelle à notre sentiment d'incapacité et à notre crainte d'avoir à justifier ce que nous sommes. L'individu adopte tel ou tel comportement néfaste afin de camoufler son sentiment d'infériorité aux yeux des autres.

## Les principaux comportements des personnes ayant une piètre estime d'elles-mêmes

### *Les reproches et les plaintes*

Nous blâmons les autres et nous formulons des plaintes à leur endroit parce que nous refusons d'accepter le fait que nous sommes nous-mêmes responsables de tout ce qui nous arrive ! Il est beaucoup plus facile de blâmer les autres que de dire : « C'est moi qui ai ce problème », ou « C'est moi qui dois changer ». Celui qui a l'habitude de se plaindre et de blâmer les autres ne se sent pas à la hauteur et s'efforce de se donner de l'importance en rabaissant les autres.

*La critique*

Nous critiquons les autres parce qu'ils n'acceptent pas notre système de valeurs ou ne s'y conforment pas. Nous compensons notre sentiment d'incapacité en nous donnant raison et en leur donnant tort. Remarquez que ce qui nous dérange bien souvent, c'est que les autres ont les mêmes défauts que nous. Lorsque nous critiquons leurs gestes, nous disons en fait : « Je déteste ce défaut chez moi alors je ne leur permettrai pas de s'en tirer impunément. » Psychologiquement, il est reconnu que nous avons tendance à détester tout particulièrement chez les autres les défauts ou les faiblesses dont nous sommes le plus coupable.

*Le besoin d'attention et d'approbation*

Bien des personnes ont un grand besoin d'attention et d'approbation. Elles sont incapables de reconnaître et d'apprécier leur valeur, leurs talents et leur importance en tant qu'individus. Elles ont absolument besoin qu'on leur confirme sans arrêt qu'elles sont « très bien » et qu'on les accepte et les approuve.

*L'absence d'amis intimes*

Les personnes qui ont une piètre estime d'elles-mêmes n'ont généralement pas d'amis intimes. Parce qu'elles ne s'aiment pas, elles préfèrent vivre leur vie en solitaires, loin des autres ; elles peuvent également adopter un modèle de comportement opposé, et devenir agressives et autoritaires, critiques et exigeantes envers autrui. Rien de tout cela ne favorise les rapports amicaux.

*Le désir de gagner à tout prix*

Si nous sommes constamment obsédés par le désir de gagner ou d'avoir raison, c'est que nous avons désespérément besoin de prouver quelque chose à notre entourage. Et nous tentons d'y parvenir en réalisant de grandes choses. Notre motivation première est toujours d'être accepté et approuvé ; d'une certaine manière, notre but est d'être meilleur que le voisin.

*Les abus*

Les individus qui ne peuvent vivre avec eux-mêmes parce qu'ils ne s'aiment pas tels qu'ils sont, tentent généralement de satisfaire leurs besoins d'une manière détournée. Se sentant frustrés et blessés, ils recherchent des dérivatifs, physiques ou autres, dans le but d'atténuer leur douleur. Ils mangent trop, consomment des drogues, boivent ou fument à l'excès pour satisfaire temporairement leurs sens et étouffer leur douleur émotive ainsi que leur besoin désespéré d'approbation. Ces abus leur font oublier leur sentiment de rejet. Ils leur permettent d'éviter pour un temps de faire face à la réalité et au besoin croissant de changement que celle-ci exige d'eux.

*La dépression*

Nous sommes déprimés parce que l'impuissance que nous ressentons devant notre incapacité à faire de notre vie ce que nous désirons qu'elle soit nous porte au découragement. Nous nous sentons incapables et dénués de toute valeur parce que nous n'avons pas réalisé ce que nous croyons « devoir » réaliser ou ce que les autres croient que nous « devrions » réaliser. La frustration et l'anxiété qui naissent de nos tentatives infructueuses d'être à la hauteur de nos attentes et de celles des autres s'avèrent extrêmement nuisibles à notre estime personnelle.

*La mésentente conjugale*

Bien des divorces sont le résultat direct de la piètre estime de soi de l'un ou l'autre des conjoints. Ils surviennent généralement chez les couples où l'un des partenaires ressent un pressant besoin de dominer, de contrôler ou de posséder l'autre. Les critiques excessives du premier entraînent l'amertume et le ressentiment chez son conjoint, lesquels sont habituellement combinés à un profond sentiment d'incapacité et d'insécurité, et à un besoin désespéré d'aimer et d'être aimé.

*La cupidité et l'égoïsme*

Les individus cupides et égoïstes sont généralement victimes d'un profond sentiment d'incapacité. Ils sont tellement absorbés par leurs besoins et désirs, qu'ils doivent réaliser à tout prix afin de compenser leur manque de valeur personnelle ; ils ont rarement le temps de s'occuper des autres, même de ceux qui les aiment.

*L'indécision et la temporisation*

Le manque d'estime de soi s'accompagne fréquemment d'une crainte anormale de faire des erreurs. Craignant de se tromper ou de mal faire ce qu'il « doit » faire ou ce que les autres attendent de lui, l'individu a tendance à ne rien faire du tout ou à tout remettre à plus tard. Il est réticent à prendre une décision parce qu'il se croit incapable de prendre « la bonne ».

Il y a un autre type d'individu dans cette catégorie : le perfectionniste. Il a une personnalité semblable, mais ce qui le distingue du précédent, c'est qu'il veut toujours avoir raison. Comme il souffre d'un grand sentiment d'insécurité, il agit de façon à être au-dessus de toute critique. De cette manière, il peut se sentir « meilleur » que ceux qui, selon ses critères, sont moins parfaits.

*La tromperie*

Les individus qui se dissimulent derrière un masque se croient inférieurs à ceux qui les entourent. Pour compenser, ils étalent leurs relations, se vantent, élèvent la voix, adoptent un rire forcé ou font usage de leurs biens matériels pour impressionner les autres. Ils ne laissent personne découvrir ce qu'ils pensent vraiment d'eux-mêmes et, pour dissimuler leur complexe d'infériorité, ils se donnent une façade pour empêcher les autres, du moins le pensent-ils, de les voir tels qu'ils sont vraiment.

*L'apitoiement sur son sort*

L'apitoiement sur son sort ou le syndrome du « pauvre de moi » provient de notre incapacité à prendre en mains notre propre vie. Nous nous sommes volontairement mis à la merci des gens, des circonstances et des situations, et par le fait même nous sommes toujours coincés par un événement ou un autre. Nous permettons aux gens de nous déranger, de nous blesser, de nous critiquer et de nous mettre en colère parce que nous sommes dépendants d'eux et que nous recherchons l'attention et la sympathie. Par exemple, bien des personnes acceptent la maladie parce que la faiblesse qu'entraîne celle-ci comporte de grands avantages. Quand nous sommes malades, les autres nous prodiguent l'attention que nous recherchons et ont tendance à satisfaire tous nos désirs.

*Le suicide*

Il s'agit de la forme d'auto-critique la plus sérieuse. Les personnes qui se suicident n'essaient pas d'échapper au monde, mais à elles-mêmes, au moi qu'elles ont rejeté et appris à mépriser. Comme elles se sentent profondément blessées et qu'elles ressassent constamment leur ressentiment, elles cherchent à mettre fin à leur situation, au lieu de s'attaquer à la racine de leur problème qui est, bien sûr, le manque d'estime de soi.

## Les traits dominants de celui qui a une estime négative de lui-même

| | | |
|---|---|---|
| | AU PLAN ÉMOTIF | |
| Agressif | Compétitif | Perfectionniste |
| Timide | Arrogant | Autoritaire |
| Ricaneur | Cherche à plaire | Veut le contrôle de la conversation |
| Vantard | Fait étalage de ses relations | Temporisateur |
| Impatient | Esprit critique | Refuse de reconnaître ses erreurs |
| Cherche à être le meilleur | En révolte contre l'autorité | Fait des abus d'alcool, de tabac, etc. |
| | AU PLAN PHYSIQUE | |
| Apparence négligée | Souffre d'obésité | Posture relâchée |
| Mollesse dans la poignée de main | Bouche peu souriante | Voix faible |
| Regard éteint | Tendu et nerveux | Regard fuyant |
| | AU PLAN PSYCHOLOGIQUE | |
| Anxieux | Manque d'assurance | Préoccupé par ses problèmes |
| Hésitant | Convaincu d'être un raté | Veut gagner à tout prix |

| | | |
|---|---|---|
| Mécontent de lui-même, il se rejette | Hanté par la honte, le remords et la culpabilité | Soif inapaisable d'argent, de prestige ou de pouvoir |
| Veut être aimé et accepté de tous | Veut toujours avoir raison, cherche l'approbation | Fait ce que les autres lui demandent<br>Vit sa vie par le biais de ses enfants, de la télé et de ses héros |

Jetons maintenant un puissant éclairage de vérité sur un autre secteur de votre personnalité et examinons les caractéristiques et la structure de ce que l'on appelle la *conscience.*

## Quatrième secret

# Le problème de la conscience

Comme nous utilisons des termes familiers pour décrire des idées qui, sans pourtant vous être familières, vous concernent au plus haut point, essayons de clarifier les choses.

Il est sans doute utile de préciser, dans un premier temps, que la perception que vous avez de vous-même n'est peut-être par aussi justifiée que vous ne le prétendez. Vous pouvez vous considérer comme étant très intelligent ou complètement stupide, trop maigre ou trop gros. Il se peut que vous soyiez un activiste ou un pacifiste, un employé de bureau ou une personne cadre, une ménagère ou une femme de carrière; une personne enjouée et chaleureuse ou un individu tout à fait timide. Vous êtes peut-être un alcoolique, un drogué, un menteur, un névrosé ou un tricheur. Il est possible que vous soyiez constamment déprimé ou que vous ayiez peur de tout et de tous. Peut-être détestez-vous la température, les chiens, les chats, l'exercice, les abeilles, les embouteillages ou les épinards. Mais rien de tout cela ne décrit ce que vous êtes vraiment : *ce n'est que la description des tâches que vous accomplissez ou des gestes que vous posez.* Si vous ne vous identifiez qu'à vos gestes, vous avez une fausse perception de ce que vous êtes. Vous vous jugez, vous vous limitez et éventuellement vous vous rejetez sans aucune justification.

Le manque de confiance en soi est un problème qui se situe au niveau de la *conscience*. Aussitôt que vous prendrez conscience de la vérité qui vous concerne, vous serez capable de comprendre pourquoi vous êtes ainsi et, ce qui est encore plus important, vous pourrez apprendre à vous accepter et à vous aimer.

La *conscience* peut être définie comme étant le degré de profondeur avec lequel nous percevons et comprenons, consciemment et inconsciemment, tout ce qui touche notre vie. C'est la somme de nos expériences et de nos connaissances, y compris toutes les informations transmises par notre intellect, notre intuition, nos instincts et nos cinq sens. Nos émotions, nos sentiments, nos aspirations et nos craintes, nos désirs et nos humeurs dépendant tous de notre niveau de conscience. Plus important encore, c'est lui qui est responsable de la plus ou moins grande valeur que nous nous accordons, c'est-à-dire ce que nous pensons de nous-mêmes.

La conscience détermine votre conception de la réalité. En effet, votre esprit est comme un appareil photographique qui prend constamment des clichés des événements que vous vivez. Par conséquent, vous seul pouvez décider des scènes que vous enregistrerez et qui constitueront la substance de votre conscience. Votre esprit peut enregistrer les aspects négatifs des autres ou vos propres défauts ou votre désespoir. Vous pouvez lire les journaux, regarder la télévision ou vous concentrer sur d'autres sources rapportant les misères de la condition humaine, et vous pouvez être assuré que toute cette matière a été soigneusement enregistrée. À la longue, à force de regarder et d'enregistrer, vous finissez par vous convaincre que ces choses forment la réalité; vous possédez en effet les images qui vous le prouvent.

Le problème, c'est que la vérité et la réalité ne sont pas nécessairement identiques. Si votre esprit adopte des valeurs, des croyances et des concepts erronés, il va de soi que votre conscience risque de l'être également. Agissant alors en conformité avec votre point de vue, qui est faux même si vous le croyez véridique, vous adopterez alors une personnalité et des modèles de comportement erronés. Cela nous ramène à ce que nous avons dit dans le premier chapitre :

*Chaque décision que vous prenez et chaque geste que vous posez est basé sur votre niveau actuel de conscience.*

## Vous faites toujours de votre mieux

Cette affirmation vous surprend-elle ? La plupart des gens sont étonnés lorsqu'ils l'entendent pour la première fois. En effet, on vous a dit pendant des années et des années que vous pouviez et que vous deviez faire mieux. Même s'il s'agissait effectivement d'un bon conseil, il n'est pas certain qu'il demeure approprié lorsque nous abordons le domaine de la conscience.

En fait, vous ne pouvez faire mieux que ce que vous faites en ce moment parce que *vous êtes limité par votre niveau actuel de conscience*. Même si vous savez que vous pouvez faire mieux, il vous est impossible d'agir autrement car *il ne suffit pas d'en savoir plus pour être en mesure de faire mieux*. Vous ne pourrez « faire mieux » que lorsque vous aurez accédé à un niveau de conscience supérieur.

## L'acceptation de la réalité

Il est impératif que vous réalisiez que vous ne serez heureux et en paix avec vous-même que dans la mesure où vous accepterez comme étant la réalité le cadre de vie dans lequel vous évoluez présentement. Ce n'est qu'à cette condition que vous deviendrez moins vulnérable à l'opposition des autres. De la même façon, si vous n'aimez pas ce que font les autres parce qu'à vos yeux cela n'est pas « bien » ou « juste », vous n'êtes aucunement justifié de les condamner, de les blâmer ou de faire en sorte qu'ils se sentent coupables. En vérité, personne, ni vous ni le voisin, ne peut faire plus que son possible.

*Vous devez apprendre à accepter la réalité du moment et réaliser que rien d'autre n'est possible pour l'instant.*

La réalité est la même pour tous. La différence entre la vôtre et celle d'un autre est la perception que vous en avez et les réactions qu'elle suscite. Il n'y a pas deux personnes qui aient un niveau de conscience semblable. Il n'y a pas deux personnes qui aient les mêmes antécédents et expériences ; alors il est certain que leur perception de la vie (leurs valeurs, concepts, croyances, convictions et aspirations) sera différente.

La *réalité individuelle* de chacun de nous se compose d'un certain nombre de caractéristiques mentales, émotives et physiques que nous ne pouvons changer *présentement*. Votre réalité individuelle se limite donc à la somme des composantes constituant votre conscience, c'est-à-dire les valeurs, les croyances et les concepts, justes ou erronés, qui sont les vôtres présentement. La perception étant toujours colorée et influencée par la conscience, votre perception sera fautive dans la mesure où votre conscience est fautive, et cela même si vous êtes convaincu de ne pas faire erreur.

*Chaque décision que vous prenez et chaque geste que vous posez est basé sur votre niveau actuel de conscience.*

Notez bien que presque tous vos problèmes émotifs et physiques proviennent du fait que vous résistiez à la réalité qui est vôtre ou à celle d'un autre, ou encore à la réalité d'une situation que vous voulez désespérément changer, même si, pour le moment, vous en êtes incapable. Votre *refus* ou votre *incapacité* d'accepter les choses telles qu'elles sont constitue la base de votre problème. Si vous examinez la plupart de vos déceptions et de vos frustrations, vous verrez clairement que celles-ci proviennent des résistances que vous opposez à des choses qui, pour le moment, ne peuvent être changées.

Nous résistons à la réalité ou à « ce qui est » parce que nous avons la conviction de pouvoir la changer. Mais les choses sont comme elles sont, que nous l'acceptions ou non. Ce n'est que lorsque nous pouvons accepter consciemment un aspect particulier de la réalité pour ce qu'il est, et ce au moment présent, que la résistance que nous opposons à celui-ci disparaît.

La clé du changement consiste à accepter le comportement des autres sans avoir l'impression de devoir les « corriger ». Vous devez leur laisser la liberté personnelle de vivre selon leur conscience, quelque fausse et erronée qu'elle puisse être. Pour y parvenir, vous devez d'abord apprendre à vous aimer et à vous accepter. Si vous continuez à vous juger, vous vous sentirez obligé de juger les autres, et vous vous opposerez ainsi à leur réalité, qui est celle que leur permet de percevoir leur niveau actuel de conscience.

*Vous ne pouvez faire preuve de compassion*
*et de compréhension envers les autres que*
*dans la mesure où vous vous montrez*
*compassé et compréhensif envers vous-même.*

Si vous n'êtes pas conscient de résister à la réalité, vous n'aurez aucun moyen de vous défaire de cette habitude destructrice. Vous ressentirez toujours le besoin de tout juger comme étant bon ou mauvais, vrai ou faux, juste ou injuste. Vous croirez que les gens et les circonstances conspirent contre vous parce que vous ne pouvez affronter *ce qui est.* Et ainsi vous vivrez dans un monde de rêve où les choses ne sont pas telles qu'elles devraient être.

Il a été démontré à maintes reprises que *ce qui vous arrive est loin d'être aussi important que l'intensité avec laquelle vous y résistez.* En d'autres mots, vous ne pouvez rien changer à l'impression que vous donnent les choses, mais vous pouvez changer quelque chose à la façon dont vous y pensez et dont vous y réagissez. Vous pouvez ne pas aimer la réalité d'une situation mais vous devez l'accepter pour l'instant. En agissant ainsi, vous pouvez contrôler vos réactions.

Il n'est pas nécessaire d'être génial pour voir que la résistance à la réalité est la cause de plus d'ennuis, de maux de tête, de ressentiment, d'hostilité et de problèmes familiaux que n'importe quoi d'autre. Il vous est impossible de vous sentir blessé, de vous mettre en colère ou de ressentir de la rancune ou de l'amertume envers quelqu'un, pas plus qu'il ne vous est possible de vous sentir inférieur ou rabaissé par les autres, à moins que vous ne résistiez à la réalité.

**Le pouvoir destructeur des jugements de valeur**

La cause fondamentale du manque d'harmonie qui se manifeste dans la plupart de nos rapports avec les autres, résulte de notre tendance à vouloir leur imposer nos propres valeurs. Nous voulons qu'ils vivent selon ce que nous croyons vrai, juste, bon, mauvais, etc. S'ils refusent, nous devenons rancuniers et colériques, ne réalisant pas que leur niveau de conscience les met dans l'impossibilité d'être en accord avec nos propres valeurs.

À ce stade, vous devez réaliser qu'il n'y a rien que nous puissions faire pour changer les valeurs, les concepts et les croyances des autres *si leur conscience n'est pas prête à accepter le changement*. Nul n'est tenu de changer ses valeurs simplement pour vous rendre la vie plus agréable. Les gens peuvent vous déranger ou vous mettre en colère, mais le simple fait que ce ne soit pas tout le monde qui s'oppose à leur conduite indique bien que c'est vous qui avez un problème. Vous résistez à leur réalité et vous désirez voir les choses, non pas telles qu'elles sont, mais telles que vous voudriez qu'elles soient. C'est à ce moment que vous commencez à porter des jugements de valeur.

*Rien ne peut détruire une relation ou interrompre des communications plus rapidement que les jugements de valeur.*

Si vous désirez développer une estime positive de vous-même, il est impératif que vous *cessiez de porter des jugements de valeur*. Cela commence par une motivation adéquate : dites-vous que toute forme de jugement de valeur est désastreuse pour votre bien-être. Mais le simple fait de ne plus formuler des jugements de valeur ne suffit pas. Votre pensée étant au moins aussi puissante que vos paroles, il devient inutile d'affirmer une chose si, intérieurement, vous êtes convaincu du contraire. Les Écritures sont formelles : « L'homme est le reflet de ce que son coeur pense. »

La motivation doit donc inclure la notion voulant que tout jugement de valeur de type *bon ou mauvais, vrai ou faux, juste ou injuste* soit sans fondement et ce, parce que *chacun doit inévitablement faire ce qu'il a à faire, que ce soit correct ou non ; c'est tout ce que lui permet son niveau actuel de conscience, ni plus, ni moins.*

Relisez ce passage ! Faites en sorte qu'il fasse partie intégrante de votre conscience. Si vous comprenez et croyez cela de tout votre être, vous ne sentirez plus le besoin de porter des jugements de valeur sur vous-même ou sur les autres.

Le simple fait d'éviter de porter des jugements de valeur parce qu'on vous a dit que c'est immoral ne modifiera nullement votre comportement. Vous devez plutôt cesser de vous juger ; vous cesserez alors de juger les autres et vous commencerez à vous aimer et à aimer les autres. En apprenant à vous aimer et à vous apprécier, vous ne serez plus aussi exigeant et aussi critique à votre égard et vous projetterez cette attitude sur tout votre entourage.

Aussitôt que vous vous mettrez à aimer les autres *tels qu'ils sont,* le sentiment deviendra réciproque. Les autres se mettront à vous aimer. Ils n'auront pas le choix. Pensez-y ! À quelles personnes êtes-vous le plus attaché ? À celles que vous considérez comme vos amis intimes, celles qui, quoi qu'elles sachent à votre sujet, ne vous jugent jamais.

*Pour aimer et être aimé, il suffit de cesser de porter des jugements de valeur... pour toujours !*

**Pour comprendre votre motivation**

Le terme « motivation » est peut-être l'un des plus mal compris qui soient. Des cadres me demandent souvent de visiter une entreprise pour « motiver » leurs employés. Ils sont surpris lorsque je leur réponds que je ne peux pas. Tout ce que je peux faire, c'est de les convaincre d'*élargir le champ de leur conscience.*

Il est important que vous compreniez très bien ce qu'est la motivation. *La motivation décrit l'attitude que vous avez lorsque, à un moment donné, vous préférez faire une chose plutôt qu'une autre. Tout le monde est toujours motivé.* Que vous recherchiez activement la réussite dans un domaine précis ou que vous préfériez rester paresseusement assis sur une chaise, vous êtes tout aussi motivé. Si vous ne vouliez pas flâner, vous feriez autre chose et cela deviendrait votre motivation. En vérité, vous ne pouvez entreprendre la moindre activité sans être d'abord motivé. Ce que vous devez réaliser, c'est qu'il y a une différence entre la motivation *positive* et la motivation *négative*, entre la motivation de faire quelque chose de valable et de constructif et celle de faire quelque chose qui peut nuire à votre bien-être.

En définitive, on ne peut motiver personne. Chacun se motive *soi-même. Vous faites toujours ce que vous préférez faire*. C'est là que se trouve votre motivation particulière.

Chaque geste que vous posez est en fonction d'un besoin ou d'un désir que vous souhaitez combler, lequel est déterminé par votre niveau actuel de conscience. Normalement, votre motivation fondamentale est de vous sentir bien mentalement, physiquement, émotivement et spirituellement. Si vos besoins dans l'un ou l'autre de ces domaines ne sont pas comblés, vous vous sentirez insatisfait et anxieux et vous ferez tout ce que vous croyez nécessaire pour y remédier, même si cela peut vous être nuisible.

**Comment vous motiver positivement**

Si vous désirez avoir une vie plus enrichissante, vous devez d'abord vous convaincre que tout changement que vous ferez *entraînera la satisfaction d'un besoin ou d'un désir spécifique.*

C'est en transformant votre conscience que vous obtiendrez une motivation positive. Pour ce faire, vous devez évaluer les avantages que vous apporteront les changements que vous désirez effectuer. *Vous devez ensuite vous convaincre que ces avantages seront au moins équivalents ou même supérieurs au prix que vous aurez à payer pour les obtenir.* Il se peut que vous soyez amené à désirer tel ou tel changement sous la pression ou les menaces d'une autre personne, mais c'est *vous seul* qui devez vous motiver en comparant les avantages et les désavantages qu'il vous apportera. Dans une certaine mesure, vous avez fait cela tout votre vie ; mais maintenant, vous êtes certain que le processus jouera *en votre faveur* et non *contre vous.*

Le criminel, l'alcoolique, le boulimique et le drogué se sont tous soumis à ce processus et, selon leur niveau de conscience, ont décidé que leur habitude valait le prix qu'ils avaient à payer. Lorsque leur conscience se transforme, généralement suite à des circonstances tragiques, ils réalisent alors que le coût de la fuite de la réalité, et du moi qu'ils en sont venus à détester, est beaucoup trop élevé pour ce qu'ils reçoivent en retour. C'est à ce moment que leur nouvelle motivation les pousse à adopter un mode de vie plus positif.

Il vous sera des plus utiles de vous habituer à vous servir de deux termes familiers mais souvent négligés : « avisé » et « malavisé ». Toute action fait partie de l'un ou l'autre pôle de cette classe. Évitez les catégories du genre bon ou mauvais, juste ou injuste, vrai ou faux, parce qu'elles ne correspondent qu'à des jugements moraux fondés sur votre conscience actuelle ou la conscience collective de la société.

Les termes « avisé » et « malavisé » ne supposent pas de jugement de valeur. Ils vous permettent d'observer vos actions ou celles d'un autre avec une certaine objectivité et, selon votre conscience, vous pouvez déterminer si elles sont avisées ou malavisées. De cette façon, la personne en cause n'est jamais jugée. Vos actions peuvent être fautives, mais vous, *la personne que vous êtes vraiment*, ne se retrouve pas étiquettée comme étant mauvaise. Cette compréhension et cette courtoisie doivent s'étendre à tout votre entourage.

J'espère que vous vous rendez compte maintenant qu'il est impossible de « motiver » les gens à changer en leur disant simplement qu'ils « doivent » ou qu'ils « devraient » le faire. Seules leurs *décisions conscientes* peuvent les faire changer. Vous pouvez les inciter à changer, sinon les effrayer ou les menacer, mais leur motivation ne sera que temporaire et visera à combler leur seul désir du moment : se débarrasser de vous. Ils ne changeront leur habitude de façon permanente que lorsqu'ils seront convaincus que ce changement leur est profitable, compte tenu du prix à payer. De plus, ils seront dans l'impossibilité de changer tant que leur conscience ne sera pas transformée.

### La prise de responsabilités

Vous avez le droit et la possibilité de faire tout ce que vous avez choisi de faire, *absolument tout*. Personne ne peut choisir à votre place. Le Créateur vous a donné la *liberté* de faire *tout* ce que vous souhaitez dans les limites de vos capacités intellectuelles et physiques. Vous êtes libre de commettre des erreurs et d'échouer, de mentir ou de tricher ; vous pouvez être paresseux, égoïste, loyal ou agressif ; vous pouvez vous sentir rejeté, blessé ; vous avez l'entière liberté de faire des excès de table, d'alcool ou de sexe ; vous pouvez changer d'idée et faire absolument tout ce que vous désirez, il n'en tient qu'à vous. Ce don du ciel, qu'est le choix individuel, vous appartient en propre, mais cette liberté ne suppose certainement pas que vous ferez toujours le « bon » choix ! Votre choix est toujours en rapport avec votre niveau actuel de conscience.

Vous avez appris que chacune des décisions que vous prenez est basée sur votre niveau de conscience du moment ; or, celui-ci est stable. Vous ne pouvez donc faire qu'une seule chose à un moment donné, soit celle qui est conforme à votre conscience du moment. Ainsi, vous faites toujours de votre mieux, compte tenu des circonstances présentes. Vous devez vous accorder le droit de commettre des erreurs, parce que c'est grâce à celles-ci que votre conscience évolue. En faisant tout ce que vous voulez, vous vous libérez des résistances émotives et de la culpabilité provenant de la répression qu'exercent les divers conditionnements programmés dans votre subconscient.

Vous ne serez libre que lorsque vous apprendrez à être honnête envers vous-même et que vous accepterez *l'entière responsabilité* de votre vie ainsi que la satisfaction de vos besoins. Vous devez aussi accepter *l'entière responsabilité* de chacune de vos pensées, paroles, actions et décisions, car vous devrez inévitablement payer le prix de chacune d'entre elles. Comme le dit l'adage : si vous voulez danser, vous devez accepter de payer le musicien. Vous apprendrez et vous évoluerez conformément à la nature et aux conséquences de vos gestes.

Rappelez-vous que rien de ce que vous faites n'est vrai ou faux, bon ou mauvais. Ce n'est qu'*avisé* ou *malavisé*. Et à mesure que vous évoluerez des décisions malavisées aux décisions avisées, du moins nous l'espérons, vous saisirez de plus en plus l'importance de cette terminologie.

Avant de faire quoi que ce soit, posez-vous les questions suivantes : Ce geste est-il avisé ou malavisé ? Contribuera-t-il à combler mes besoins fondamentaux ? Pourra-t-il me nuire ou être dommageable à quelqu'un d'autre ? Est-il en harmonie avec les lois de l'univers telles que je les comprends ? Quel en sera le coût ? Suis-je *disposé* et *capable* de payer ce coût et *d'en accepter les conséquences* ?

En vous posant ces questions, vous prendrez votre vie et vos affaires en mains. Elles vous aideront à vous doter d'une nouvelle conscience fondée sur la connaissance du fait que *vous* êtes la seule personne à laquelle vous devez répondre de vos actions. La logique de ce phénomène est assez évidente lorsque vous considérez que c'est vous qui en récolterez les bienfaits ou qui en subirez les conséquences.

## L'emprise des habitudes

Ce sont vos habitudes qui font de vous la personne que vous êtes. Il est impossible d'apporter un changement majeur à votre vie sans vous défaire de leur emprise. Si vous n'êtes pas heureux, en santé, calme et paisible, autonome et prospère dans toutes les facettes de votre vie, vous devez vous débarrasser le plus rapidement possible de vos mauvaises habitudes.

Notre vie gravite autour de nos mauvaises habitudes et, malheureusement, nous ne sommes pas toujours en mesure de nous en rendre compte. En effet, nous avons programmé des réactions erronées dans notre subconscient et notre système nerveux central et, par conséquent, nous sommes forcés de penser et de réagir en fonction de ce conditionnement, et cela, même si le résultat s'avère négatif, faux, dénaturé ou destructeur. Si nous voulons enrayer les méfaits de ce conditionnement, il nous faut donc traverser une période de « désapprentissage » ou de « déprogrammation ».

## Vous ne pouvez rien abandonner de désirable

Toute la volonté du monde sera insuffisante si nous ne sommes pas vraiment décidés à abandonner nos vieilles habitudes. La plupart du temps nous voulons nous débarrasser de leurs *effets dommageables*, mais nous ne sommes pas prêts à abandonner les habitudes elles-mêmes. La raison de l'échec de la plupart des régimes d'amaigrissement, après un court laps de temps, est que l'individu commence à sentir qu'il est privé de quelque chose. Il désire perdre du poids, avoir une meilleure apparence et se sentir mieux, mais il n'a *aucun désir d'abandonner ses excès de table*, et il pense constamment à la nourriture. Plus il pense à la nourriture, plus il ressent l'envie de manger, et cette envie devient rapidement une obsession qui le dévore.

Nous devons éviter de croire que nous pouvons changer grâce à notre seule discipline personnelle, ou encore que nous sommes en mesure de nous forcer à changer. Si une personne veut vraiment perdre du poids, elle doit reconnaître et admettre que son *habitude de trop manger* était jusque là un moyen qui lui permettait de *compenser ses tensions et ses besoins insatisfaits.* Elle a peu de chance, sinon aucune, de se corriger simplement parce qu'elle croit devoir le faire. Cela ne contribuerait qu'à générer de la culpabilité, des frustrations et de l'anxiété, autant d'éléments qui entraînent une résistance au changement.

Avant que vous puissiez changer quelque habitude que ce soit, vous devez *reconnaître* et *accepter* l'existence de cette habitude. *Le fait que vous ne puissiez accepter vos fautes est la raison qui vous empêche de les surmonter.* En vous condamnant verbalement, vous et vos mauvaises habitudes, vous leur permettez d'avoir plus d'emprise sur vous-même, et vous vouez à l'échec tout effort en vue de leur suppression. La culpabilité accroît encore davantage les difficultés. À ce sujet, Alfred Adler disait ceci : « *Faites le mal ou sentez-vous coupable, mais ne faites pas les deux à la fois. C'est trop de travail.* » Voilà un merveilleux conseil !

Le Grand Maître nous a mis en garde contre la folie qui consiste à poser une pièce de tissu neuf à un vieux vêtement ou à verser du vin nouveau dans de vieilles bouteilles. Nous devons créer de nouvelles habitudes plus positives qui remplaceront nos habitudes négatives ; nous devons nous donner des pensées et des actions valables et positives qui remplaceront ces dernières. Lorsque vos parents vous enlevaient quelque chose quand vous étiez enfant, ils vous offraient habituellement autre chose en retour. Cela vous faisait oublier ce qu'ils vous avaient enlevé.

Il y a des habitudes que nous sommes prêts à abandonner volontiers. Nous leur avons déjà accordé de l'importance et nous reconnaissons maintenant l'effet destructeur qu'elles ont sur notre vie. Plus une habitude vous est néfaste, plus vous êtes disposé à prendre les moyens pour la contrer.

## Programme de conditionnement pour l'acquisition d'habitudes positives

Utilisez le programme suivant. Il vous permettra de remplacer toute habitude négative qui nuit à votre bien-être par une habitude de vie plus positive.

*Première étape*

Répondez par écrit aux questions suivantes :

A. Quelle est l'habitude négative que vous désirez perdre ?
B. Quelle habitude ou attitude positive souhaitez-vous acquérir ?
C. Quelles mesures prendrez-vous pour remplacer la première par la seconde ?
D. Quelle est la manière la plus facile et la plus logique d'y parvenir ?

*Deuxième étape*

A. Visualisez-vous comme ayant déjà réussi à remplacer votre habitude négative par une habitude positive. Voyez les multiples avantages que cette dernière vous apporte.

B. Choisissez et utilisez une formule positive* qui accompagnera votre visualisation.

*Troisième étape*

Surveillez-vous, et chaque fois que vous manquez à votre promesse, notez-le. Rappelez-vous qu'il ne faut ni vous condamner, ni vous blâmer. Faites simplement une observation dénuée de tout jugement de valeur et permettez-vous d'y apporter les correctifs nécessaires.

*Quatrième étape*

Tenez un relevé de vos observations sur une période d'au moins vingt et un jours.

Après avoir consciemment choisi votre nouvelle habitude positive, ces quatre étapes vous permettront de la programmer dans votre subconscient. Elle deviendra alors un nouvel automatisme faisant partie intégrante de celui-ci.

Si vous aviez pris l'habitude de réagir négativement à certaines situations, ce nouvel automatisme vous amènera à répondre positivement à ces mêmes situations ; vous réagirez de la façon dont vous vous êtes conditionné. Étant donné qu'il est nécessaire de surveiller constamment vos réactions ou vos habitudes, vous pourrez vous servir de cette formule en trois étapes pour les vérifier et les corriger :

---

* Exemple : J'accepte d'être un créateur. Tout ce qu'il m'est possible d'être fait en ce moment partie de ma conscience. Je crée exactement ce dont j'ai besoin.

1. Chassez de votre vie tout ce qui ne contribue pas à votre bien-être.
2. Voyez ce qui vous est profitable et continuez à le programmer dans votre subconscient.
3. Ajoutez-y de nouveaux éléments qui contribueront à améliorer votre bien-être.

Conservez cette méthode pour le reste de vos jours et vous vous apercevrez que votre vie sera remplie d'expériences fructueuses. Vous pouvez vous promettre n'importe quoi mais n'oubliez pas que l'important est de commencer à utiliser *dès maintenant* ce programme. Ainsi, vous commencerez à acquérir de l'assurance en sachant que vous faites quelque chose pour améliorer votre situation. En conservant une promesse pendant au moins vingt et un jours, vous deviendrez enthousiaste et votre attitude sera renforcée comme par magie.

Rappelez-vous ces faits importants pour ce qui est de changer vos habitudes :

A. Reconnaissez et acceptez le fait que vous avez une mauvaise habitude et ne vous jugez pas.
B. Avant d'entreprendre de changer votre habitude, évaluez les avantages éventuels de ce changement en fonction du prix à payer pour réussir.
C. La force de volonté ne sert à rien si vous ne voulez pas vraiment changer votre habitude.
D. Vous devez être convaincu que le changement entraînera la satisfaction d'un besoin ou d'un désir spécifique.

E. Surtout, ne vous sentez pas coupable, et évitez de vous condamner ou de vous blâmer pour la situation présente. Jusqu'à ce jour, vous n'avez fait que ce que votre niveau de conscience vous permettait de faire.

William James observait que l'acquisition d'une nouvelle habitude équivaut à enrouler une pelote de laine. Plus longtemps nous pouvons enrouler la laine sans échapper la balle, plus vite nous réussissons. Si nous l'échappons et qu'elle roule, il nous faut recommencer une partie du travail. À mesure qu'une nouvelle habitude acquiert de la force, nous sommes de moins en moins tentés par la vieille habitude. Nous devons toutefois nous garder d'oublier que les vieilles habitudes ne sont jamais perdues pour toujours. Elles ne sont que submergées. C'est pour cela que nous devons toujours être conscients de nos pensées et de nos gestes, et que nous devons nous assurer que les pensées dominantes s'emploient à l'acquisition de nouvelles habitudes.

## Cinquième secret

# Je ne suis pas coupable, vous n'êtes pas coupable

Le sentiment de culpabilité est, de tous les facteurs engendrant le stress, celui qui est le plus répandu dans notre société. Celle-ci est en effet remplie de personnes qui se sentent profondément coupables. À moins que vous ne soyez l'un de ces rares individus qui ait surmonté ce sentiment destructeur, vous ressentez probablement, comme la vaste majorité des gens, de ces inutiles élans de culpabilité.

Et comment pourrait-il en être autrement, puisque nous avons tous été conditionnés à nous sentir coupables ! La famille et les amis, les êtres qui nous sont chers, ainsi que l'école, la société et la religion nous ont formés à être, consciemment ou inconsciemment, d'éternels coupables. Depuis notre plus tendre enfance, on n'a eu de cesse de nous rappeler notre supposée mauvaise conduite, de façon à nous rendre coupables de choses que nous avons ou n'avons pas faites, ou que nous avons ou n'avons pas dites. La plupart des individus étant constamment à la recherche de l'approbation des autres, ils ne peuvent surmonter la culpabilité que suscite la désapprobation de ces derniers.

Susciter la culpabilité, voilà bien le principal outil de celui qui veut manipuler les autres. En effet, il suffit à une personne de nous culpabiliser pour que nous nous sentions obligés de nous faire pardonner le plus tôt possible. La plupart des gens peuvent faire à peu près n'importe quoi lorsqu'ils se sentent suffisamment coupables.

Pourquoi ne luttons-nous pas contre cela ? Simplement parce que la culpabilité a été associée avec le fait d'avoir du coeur, et si vous n'avez pas de coeur, c'est que vous êtes « mauvais ». En vérité, la culpabilité n'a absolument rien à voir avec le coeur. Elle est plutôt la manifestation d'un comportement névrosé, un comportement qui, étrangement, est considéré comme « normal » par la plupart des gens. En d'autres mots, pour montrer que vous avez vraiment du coeur, on s'attend à ce que vous réagissiez comme un névrosé. Et si vous ne le faites pas, c'est que vous n'avez pas de coeur. Ce raisonnement ridicule domine la vie d'un très grand nombre d'individus.

Il est intéressant de noter que lorsque je dis, à l'intérieur de mes cours, qu'on ne doit jamais se sentir coupable, il y a toujours quelqu'un qui lève la main et qui demande : « Voulez-vous dire que l'on ne doive jamais se sentir coupable de quoi que ce soit ? » Bien sûr, ce que la personne essaie de dire, c'est qu'elle a été à ce point conditionnée à se sentir coupable qu'elle se sentirait coupable de ne pas se sentir coupable !

### Un regard sur la morale

De nombreux gestes considérés comme étant bons ou mauvais par certains individus, certaines sociétés ou certains groupes religieux ne sont rien de plus que des jugements de valeur axés sur la morale de ceux-ci, laquelle découle de leur niveau actuel de conscience ; par conséquent, il va de soi que ces jugements risquent d'être quelque peu fautifs. Ce qui est moral et bien pour vous aujourd'hui, à ce stade de votre épanouissement, pourrait bien ne pas l'être demain, à un autre moment ou en un autre lieu. Car la morale varie d'un endroit à l'autre et d'une époque à l'autre.

Thomas Moore a très bien mis en évidence ce propos lorsqu'il écrivait :

> Je découvre que les docteurs et les sages
> Ont différé d'opinion selon les contrées et les époques
> Et qu'il n'y en a que deux sur cinquante qui s'entendent à peine
> Sur ce qu'est la morale pure.

Les lois qui sont basées sur la morale ne sont pas des lois universelles, car les lois universelles sont immuables. Elles sont peu nombreuses, simples et applicables partout et en tout temps, sans qu'aucun jugement de valeur, axé sur la morale de quelque groupe, religion ou individu que ce soit, ne puisse interférer. La culpabilité ne s'appuie sur aucune loi universelle. Rappelez-vous que *la culpabilité est une réaction émotive apprise.*

## Les sept formes majeures de la culpabilité

### *La culpabilité parent-enfant*

Enfant, vous vous sentiez coupable à cause des adultes qui vous entouraient et de votre famille. Après tout, si ceux-ci se sentaient coupables, vous deviez vous aussi vous sentir coupable ! C'est pourquoi ils faisaient en sorte que vous ayiez l'impression d'être une « mauvaise fille » ou un « mauvais garçon » si vous faisiez ou disiez quelque chose qu'ils n'aimaient pas. On portait un jugement de valeur sur vous plutôt que sur vos gestes. Tout au long de votre enfance, surtout au cours des cinq premières années, vous avez été conditionné à réagir au « bien » et au « mal », au « vrai » et au « faux » par une culpabilité renforcée par un système de récompenses et de punitions. C'est à ce moment que vous avez commencé à vous identifier à vos gestes.

Les parents se servent inconsciemment de la culpabilité pour contrôler leurs enfants. Ils disent à un enfant que s'il ne fait pas telle chose, il leur causera de la peine. Leurs armes sont des phrases du genre : « Que diront les voisins ? », « Tu nous as fait honte ! », « Tu nous as déçus ! », « Tu peux faire mieux ! », « Où sont tes bonnes manières ? » Et la liste s'étend à l'infini. Chaque fois que vous déplaisiez à vos parents, commençait alors le jeu de la culpabilité. Conséquemment, vous avez développé un modèle de comportement qui consistait à plaire aux autres afin d'éviter de vous sentir coupable. Vous disiez ce que les gens voulaient bien entendre et vous faisiez ce qu'ils voulaient que vous fassiez, et en agissant de cette façon vous pensiez que tout le monde vous aimerait. C'est ainsi que vous avez développé l'éternel besoin de produire une impression favorable sur votre entourage.

*La culpabilité enfant-parent*

Juste retour des choses, les enfants ont souvent recours à la culpabilité afin de manipuler leurs parents. La plupart des parents désirent être de « bons » parents et ne peuvent supporter l'idée que leur enfant puisse les croire injustes à son endroit ou même puisse ne pas les aimer. Pour parvenir à ses fins, l'enfant se sert d'affirmations du genre : « Vous ne m'aimez pas vraiment ! » ou « Les parents d'un tel lui permettent cela. » L'enfant souligne aussi à ses parents ce qu'ils ont fait ou n'ont pas fait, en sachant intuitivement qu'ils se sentiront coupables.

Il a acquis ce comportement en observant les adultes. Il ne sait pas exactement de quelle façon ce processus fonctionne ; par contre, il voit bien que c'est là une façon très efficace d'obtenir ce qu'il veut. Comme la manipulation est la principale préoccupation de l'enfant, celui-ci apprend très rapidement à s'en servir.

La culpabilité est une réaction émotive *qui s'apprend.* Ce n'est pas un comportement naturel chez l'enfant. Si le vôtre tente de vous manipuler par la culpabilité, vous pouvez être certain qu'il en a appris les tactiques d'un bon professeur : *vous.*

*La culpabilité et l'amour*

« Si tu m'aimais... » Voilà les paroles les plus culpabilisantes que l'on puisse prononcer pour manipuler un interlocuteur. Lorsque nous disons : « Si tu m'aimais, tu ferais cela », nous disons en réalité : « Sens-toi coupable si tu ne le fais pas ! », ou « Si tu refuses, c'est que je ne suis vraiment rien pour toi. » Bien sûr, nous devons toujours montrer que nous nous soucions du bien-être de l'autre, même si pour cela nous devons adopter un comportement névrosé ! Si les paroles ne suffisent pas, nous pouvons toujours avoir recours au silence, aux privations d'ordre sexuel, au ressentiment, à la colère, aux larmes ou aux emportements.

Une autre tactique consiste à faire appel à la culpabilité afin de punir nos partenaires pour un comportement qui ne correspond ni à nos valeurs ni à nos croyances. Le rappel de leurs fautes passées et de leurs torts contribue à entretenir la flamme de la culpabilité. Tant qu'ils se sentent coupables, nous pouvons les manipuler. Ce genre de rapport suppose que notre amour est conditionnel à un type précis de comportement que nous exigeons de notre conjoint. S'il ne se soumet pas, nous nous servons de la culpabilité pour le « remettre à sa place ».

Ce ne sont là que quelques-unes des façons d'utiliser la culpabilité dans les rapports amoureux.

*La culpabilité d'inspiration sociale*

Elle commence à l'école lorsque vous déplaisez à votre professeur. On fait en sorte que vous vous sentiez coupable de votre comportement en vous disant que vous auriez pu faire mieux ou que vous avez déçu votre professeur. On évite ainsi d'aller à la racine du problème, soit la conscience erronée de l'étudiant, et l'éveil de ce sentiment de culpabilité facilite le travail du professeur en lui permettant d'affirmer son autorité sur sa classe.

La société vous dit que vous devez entrer dans le rang. Si vous faites ou dites quoi que ce soit qui puisse être considéré comme étant socialement inacceptable, on fait en sorte que vous vous sentiez coupable. Notre système pénitentiaire est un excellent exemple de l'application de la théorie de la culpabilité. Si vous enfreignez le code moral de la société, vous êtes puni en étant enfermé dans un établissement pénitentiaire. Pendant ce temps, vous êtes supposé vous sentir coupable des fautes que vous avez commises. Plus le crime est grave, plus cette période sera longue. Vous êtes ensuite remis en liberté, présumément réhabilité, sans que le véritable problème, c'est-à-dire votre conscience fautive ou plus précisément votre manque d'estime personnelle, n'ait été corrigé. Il n'est pas étonnant que soixante-quinze pour cent des détenus retournent en prison après avoir expié un premier crime.

Les sentiments de culpabilité reliés au comportement social vous conditionnent à vous inquiéter de ce que les autres diront ou penseront de vos gestes. Vous devenez tellement préoccupé par leur opinion que vous n'êtes jamais libre de vous réaliser pleinement. Votre principale préoccupation est de consulter ceux qui vous entourent avant de faire ou de dire quoi que ce soit, au cas ou cela risquerait de déplaire à quelqu'un. C'est pourquoi l'on accorde tant d'importance à des questions d'étiquette lorsque l'on vit en société. Pour la majorité des personnes, il est primordial de placer la fourchette du bon côté de l'assiette, cela devenant une question de vie ou de mort ! Leur vie entière est régie par des modèles de comportement imposés par l'ordre social et ce, tout simplement parce qu'elles ne pourraient supporter la culpabilité qu'engendrerait un manquement à celui-ci. Elles préfèrent être polies plutôt qu'être elles-mêmes.

*La culpabilité d'ordre sexuel*

La culpabilité d'ordre sexuel a longtemps occupé une large place dans la vie de tous les Américains. En effet, les générations passées véhiculaient des valeurs sexuelles qui se trouvaient en opposition avec le désir naturel. Imposées par un conditionnement religieux qui classait toute expression sexuelle dans les catégories « bonne » ou « mauvaise », « naturelle » ou « répréhensible », ces valeurs se perpétuèrent de génération en génération, telle une maladie contagieuse. Si votre système de valeurs incluait une forme ou l'autre de ces expressions sexuelles qui étaient considérées comme moralement inacceptables, on faisait en sorte que vous vous sentiez coupable et honteux. La masturbation, les relations sexuelles hors mariage, la pornographie, l'homosexualité, l'avortement, etc., toutes ces formes d'expression étaient « mauvaises » et « répréhensibles ». Il en a résulté tout un éventail de complexes et de tabous sexuels qui entraînent, encore de nos jours, des sentiments réprimés de culpabilité chez un grand nombre de personnes.

Conditionné depuis l'enfance par une morale sexuelle trop rigide, l'individu moyen est dans l'impossibilité de ressentir quelque plaisir sexuel que ce soit sans se sentir coupable. Et il ne pourra jamais vivre une expérience sexuelle complète et enrichissante tant qu'il n'aura pas appris cette précieuse et fondamentale leçon : *toute forme d'expression sexuelle qui s'inscrit dans le cadre du système de valeurs de l'individu et ne provoque aucune lésion physique chez une autre personne est permise, indépendamment de ce que les autres peuvent dire ou penser.*

*La culpabilité religieuse*

La religion a fait plus que sa part pour développer et enraciner profondément des sentiments de culpabilité chez l'individu moyen. En fait, on peut lui attribuer la notion du « péché originel » qui, faut-il le préciser, demeure la meilleure façon de créer un sentiment de culpabilité chez ses adeptes, ce qui permet de les garder dans le rang.

En interprétant de façon erronée la notion de perfection, plusieurs groupes religieux inspirent la culpabilité à ceux qui ne se conforment pas à *leur* valeur morale, qui est basée sur *leur* interprétation des Écritures. Ils partent du principe que tout jugement doit être fondé sur la notion de perfection. La perfection, disent-ils, est « bonne », et l'imperfection « mauvaise ». Cette interprétation fautive les a empêchés de saisir le véritable sens de cette notion. Si vous mettez dix mille objets semblables sous un microscope, vous constaterez qu'il n'y en a pas deux qui soient exactement identiques.

Chaque entité diffère nettement de toutes les autres, et c'est là un fait qui relève tout autant de la biologie et de la physiologie, que de la psychologie et de la métaphysique. Chaque individu est l'expression particulière d'une Intelligence créatrice. La perfection, comme tout le reste d'ailleurs, est relative. Voici ce qu'en dit Wallace Stevens :

> Vingt hommes traversant un pont
> Menant à un village,
> Sont vingt hommes traversant vingt ponts
> Menant à vingt villages...

Certaines églises, parce qu'elles croyaient possible que deux personnes différentes puissent percevoir Dieu, la Vérité et la Bible exactement de la même manière, ont voué leurs adeptes à l'échec.

Paradoxalement, pour être « parfait », vous devez avoir des failles. Les imperfections sont les moyens qui vous permettent de croître, les moyens qui poussent l'humanité à créer. N'avoir aucune imperfection c'est être stérile, c'est ne ressentir aucun besoin de vouloir se développer mentalement, physiquement, émotionnellement ou spirituellement. Ce qui est nécessaire pour réaliser « des choses encore plus grandes », c'est d'avoir le désir de réussir, mais un désir dénué de toute culpabilité.

Il peut être difficile, pour quelqu'un qui a été programmé à croire que tout péché est mauvais, de voir une certaine valeur et même une certaine beauté dans le péché et l'erreur. L'église dit que le péché est mauvais, et pourtant, bien peu de prêtres pourraient nier le fait que nous tirons amplement profit de nos erreurs. Mais voilà, sommes-nous en mesure de profiter des leçons que nous livrent nos erreurs ? C'est à ce niveau que se situe le paradoxe. Certaines des plus grandes réalisations de l'humanité sont attribuables à des individus qui se voyaient forcés de créer à cause de leurs imperfections. Si vous lisez la biographie de plusieurs grands noms, hommes ou femmes, qui ont contribué de façon significative au progrès de l'humanité, vous vous trouverez en présence, et cela sans aucune exception, de gens qui avaient des failles, et certaines d'entre elles étaient même socialement fort répréhensibles. En prenant conscience de cela, vous devriez être capable de prendre du recul par rapport à votre propre culpabilité. Celle-ci est absolument inutile et destructrice. Il vous faut avoir le désir de surmonter vos supposés péchés, erreurs et imperfections.

*La culpabilité que l'on s'impose soi-même*

La forme la plus destructrice de culpabilité est certes celle que l'on s'impose soi-même. Il s'agit de la culpabilité que nous nous infligeons lorsque nous avons l'impression d'avoir enfreint notre propre code moral ou celui de la société. Cela commence lorsque nous examinons notre conduite passée et que nous constatons que nous avons fait un mauvais choix. Nous examinons alors ce que nous avons fait (nous pouvons avoir critiqué les autres, volé ou triché, menti ou exagéré, enfreint des règles religieuses ou commis une quelconque mauvaise action) à la lumière de *notre actuel système de valeurs*. Dans la plupart des cas, cette culpabilité que nous ressentons est une tentative de montrer que nous ne sommes pas indifférents et que nous regrettons nos gestes. Nous nous reprochons ce que nous avons fait et nous tentons de changer l'histoire. Ce que nous ne réalisons pas, malheureusement, c'est que nous ne pouvons changer le passé.

L'individu névrosé se sent toujours coupable. La personne équilibrée et saine *tire profit du passé.* Il y a tout un monde de différence entre ces deux comportements.

Le fait de s'imposer soi-même une forme ou une autre de culpabilité est une attitude névrosée à laquelle vous devez mettre fin au plus tôt si vous souhaitez devenir une personne qui a confiance en elle-même. Vous sentir coupable ne vous aidera pas le moins du monde. Cela vous emprisonnera dans le passé et vous empêchera de poser tout geste positif. En vous sentant coupable, *vous échapperez à l'une de vos responsabilités qui est de vivre pleinement votre vie.*

## La culpabilité entraîne toujours un châtiment

La culpabilité entraîne toujours un châtiment, lequel peut revêtir plusieurs formes : dépression, sentiment d'incapacité, manque de confiance en soi, piètre estime de soi, problèmes physiques divers et incapacité de s'aimer et d'aimer les autres. Ceux qui ne peuvent pardonner aux autres et qui cultivent le ressentiment sont ceux-là mêmes qui n'ont jamais appris à se pardonner. Ce sont des individus tenaillés par la culpabilité.

Essayer d'ignorer ses erreurs est tout aussi dommageable que d'entretenir de la culpabilité à leur sujet. Chaque erreur doit être considérée comme une poussière dans l'oeil. Aussitôt que vous identifiez le problème, évitez de vous condamner ou de ressentir de la culpabilité. Débarrassez-vous simplement du problème. Plus vite vous le ferez, plus rapidement vous échapperez à ses conséquences douloureuses. C'est alors que vous pourrez vivre d'une manière plus créative et que vous serez en mesure de réaliser vos possibilités illimitées.

## Tirez profit du passé

Il est important de tirer profit de votre conduite passée pour développer une personnalité saine. *Mais cela ne veut pas dire que vous deviez vous sentir coupable de ce que vous avez fait.* Tirer profit du passé, c'est reconnaître ses erreurs et décider, au meilleur de ses capacités et de sa conscience, de ne pas les répéter. Nous ne vous conseillons nullement de vous reprocher ce que vous avez fait ou de gaspiller une énergie et un temps précieux à vous sentir coupable, honteux ou à entretenir des remords. Ces émotions négatives vous empêcheraient tout simplement de changer votre situation actuelle, car votre attention serait concentrée sur le passé.

Nul ne peut vivre dans le passé et fonctionner de manière créative dans le présent. Votre esprit ne peut affronter deux réalités à la fois et demeurer fidèle à l'objet de votre attention du moment. Si vous accordez toute votre attention à ce que vous avez dit ou fait, ou à ce que vous auriez dû dire ou faire, vous deviendrez frustré, anxieux ou confus. Cela comporte un coût beaucoup trop élevé. Il est nettement préférable de vous pardonner et de vous concentrer, avec une attitude positive et heureuse, sur l'avenir.

## Rappelez-vous que vous faites toujours de votre mieux

Vous faites toujours de votre mieux. Notez-le et ne l'oubliez pas ! Chaque décision que vous prenez et chaque geste que vous posez est basé sur votre niveau de conscience du moment. Vous ne pouvez être « meilleur » que celle-ci ne l'est, car c'est elle qui détermine la clarté avec laquelle vous percevez toute situation. Si votre conscience est fautive, vous vivrez une expérience fautive qui vous entraînera à faire ou à dire des choses que vous regretterez par la suite. Votre conscience ne pouvant être située qu'à un seul niveau, tout ce que vous avez fait ou n'avez pas fait, tout ce que vous avez dit ou n'avez pas dit à un moment donné, était le « mieux » que vous pouviez alors faire ou dire, même si ce « mieux » pouvait s'avérer fautif ou malavisé par la suite. En fait, *vous n'aviez qu'un seul choix à faire, et il était dicté par votre niveau de conscience du moment.*

## Vous êtes distinct des gestes que vous posez

*Vous êtes distinct des gestes que vous posez* ; ceux-ci ne sont que les moyens que vous utilisez afin de combler vos besoins dominants. Ils peuvent être avisés ou malavisés, mais cela ne fait pas de vous un être bon ou mauvais. Fondamentalement, vous êtes un individu parfait qui agit selon son niveau de conscience ; or, celui-ci est peut-être erroné pour le moment. Les Écritures établissent clairement que vous avez été créé à l'image et à la ressemblance de Dieu. Si cela est vrai, vous devez déjà être parfait, mais votre conscience actuelle vous empêche de réaliser cette perfection ; plus vous accepterez cette vérité biblique, plus vous serez en mesure de l'exprimer. Rappelez-vous que Dieu ne crée rien d'imparfait !

## Tenez un journal de la culpabilité

Voici une expérience personnelle que vous trouverez sans doute intéressante et utile. Tenez un journal de la culpabilité pendant les vingt et un prochains jours. Observez-vous pendant cette période de trois semaines, prenez des notes et enregistrez tous les détails :

a) chaque fois que vous tentez de culpabiliser quelqu'un,
b) chaque fois que quelqu'un tente de vous culpabiliser,
c) chaque fois que vous tentez de vous culpabiliser vous-même.

En faisant cela, vous deviendrez très conscient de tout ce temps qui est consacré au jeu de la culpabilité. Chaque fois que vous serez tenté de culpabiliser quelqu'un ou de vous faire des reproches, arrêtez-vous aussitôt. Cela modifiera votre habitude jusqu'à ce que vous cessiez complètement de jouer ce jeu.

Chaque fois que vous aurez l'impression que quelqu'un tente de vous culpabiliser, dites-lui que vous refusez désormais de vous adonner à ce jeu. *La victime doit informer le manipulateur qu'elle n'est plus vulnérable.* Au début, celui-ci ne vous croira pas, il vous manipule depuis si longtemps, mais lorsqu'il réalisera que vous ne recherchez plus son approbation, il cessera de vous culpabiliser. Rappelez-vous que la seule chose que vous devez aux autres, c'est votre honnêteté.

## Sixième secret

# Le pouvoir positif de l'amour

L'amour a inspiré des livres, des chansons, des oeuvres d'art et de grandes réalisations, et il a même influencé le cours de l'Histoire. Il est le lien qui unit l'humanité.

Il existe plusieurs définitions de l'amour, mais aucune n'est parfaite. Nous avons notamment celles de Charlie Brown, du dictionnaire *Larousse*, d'Eric Fromm et même celle de la Bible.

Pour comprendre ce qu'est l'amour, il faut d'abord comprendre ce qu'il n'est pas. L'amour n'est pas haine, violence, ambition ou compétition. Il n'est pas engouement ; l'engouement ne se préoccupe que des traits extérieurs et n'est tout simplement qu'une forme de conquête. C'est un état névrotique qui vise à combler un besoin personnel, et c'est ainsi que la conquête est invariablement suivie d'une déception.

Prenez la femme névrosée. Elle épouse un homme parce qu'il a belle apparence, puis elle se rend compte qu'il ne pense qu'à son apparence. Elle l'épouse parce qu'il est intelligent, et par la suite elle se sent stupide et l'accuse de tout savoir. Elle l'épouse parce qu'il est équilibré et sensé, mais elle finit pas le trouver ennuyeux et sans intérêt. Elle l'épouse pour son argent, mais elle est vite dégoûtée parce qu'il ne pense qu'à son travail. Elle l'épouse parce qu'il est attirant, puis elle s'objecte de ce que les autres femmes le trouvent également attirant. Et ainsi de suite !

L'amour et le sexe sont deux choses distinctes. Vous pouvez avoir des relations sexuelles sans amour, et vous pouvez aimer sans avoir de relations sexuelles. Il est vrai que l'attitude sexiste de la société a créé des catégories distinctes de femmes, mais il faut abolir ces catégories si nous voulons que la femme soit traitée comme une personne et non comme un objet sexuel. Si nous oublions ces catégories, nous sommes amenés à constater que lorsque le sexe et l'amour sont combinés, le résultat devient une merveilleuse expérience spirituelle, qui n'a pas son pareil.

Qu'est-ce que l'amour alors ? *L'amour est la force de l'univers qui attire, qui unit, qui harmonise.* Aimer, c'est vouloir être avec une personne plus qu'avec toute autre et vouloir la seconder dans toutes ses entreprises. C'est l'aider à croître aux plans émotionnel, mental et spirituel. Par-dessus tout, aimer c'est laisser à l'autre la complète liberté d'être elle-même et l'accepter comme elle est sans essayer de la changer. Pour que l'amour se réalise, il faut que les deux personnes en présence se soumettent à ces concepts. Dans bien des cas, le problème provient du fait que l'amour est à sens unique.

Pour qu'une relation de couple soit équilibrée, vous devez donner, mais aussi vous attendre à recevoir. Vos besoins doivent être comblés, de même que ceux de votre partenaire. L'intense besoin de donner sans rien attendre en retour, ou de recevoir sans être prêt à donner est le signe d'une personnalité névrosée. Aimer signifie aimer, et rien d'autre. Cela ne veut pas dire : « Je vais t'aimer si... jusqu'à ce que... ou lorsque... » Il ne doit pas y avoir de chantage émotif. C'est là le pouvoir positif de l'amour.

La capacité d'aimer d'un enfant est généralement acquise dès l'âge de trente-six mois. C'est pourquoi il importe qu'un enfant développe une bonne estime de soi dès le départ. Le secret consiste à lui faire sentir qu'il est accepté tel qu'il est, à lui apprendre que cette attitude doit être réciproque et, en tant que parent, à être un bon exemple pour lui.

Souvent, lorsqu'une jeune femme a une piètre estime d'elle-même, elle épouse le premier homme qui se présente, craignant que ses chances soient limitées. Se rendant compte du sentiment d'infériorité qu'elle éprouve, l'homme jouera alors sur ce sentiment pour tenter de la dominer. Étant donné qu'elle ne s'aime pas vraiment, elle recherchera constamment l'approbation et l'amour qu'elle n'a pas eu pendant son enfance. Elle court le risque de se retrouver divorcée ou mariée à un alcoolique, un névrosé, un psychotique ou pire encore. Si elle avait appris pendant l'enfance à avoir confiance en elle-même, à s'accepter et à accepter les autres, la plupart de ces problèmes auraient pu être évités.

Il est important, dans une relation, de préserver l'amour. Pour y parvenir, il est nécessaire de réaliser que vous n'êtes pas un couple, la moitié d'un tout ou quoi que ce soit d'autre. Malgré l'abondance d'images poétiques à ce sujet, il est littéralement impossible de faire en sorte que deux êtres humains forment un tout. Vous êtes simplement deux individus distincts qui ont trouvé beaucoup à partager. Vous êtes venu au monde seul et vous le quitterez seul.

Si l'on exclut la passion du début, c'est pure folie que de se promettre de s'aimer pour toujours ! Bien qu'il soit merveilleux de se l'entendre dire, il s'agit d'une promesse vide de sens. Pensez-y un moment. Vous ne pouvez vous attendre à ce que votre partenaire vous aime toujours, quoi qu'il puisse dire, car l'amour est une expérience de tous les instants. L'amour d'hier est consumé, celui de demain n'est pas encore là et celui d'aujourd'hui doit se mériter. Le fait est que *l'amour ne subsistera que dans la mesure où chacun des individus concernés y contribue*. Et l'amour doit subsister pour qu'une relation se poursuive. Un contrat légal n'y changera rien !

Pour préserver l'amour, la relation doit être totalement libre. Nul ne doit tenter de changer l'autre. Cela se produit trop souvent et constitue une cause majeure de l'éclatement du couple et du divorce.

L'amour, le romantisme et la passion sont possibles lorsque vous permettez à votre partenaire d'exprimer sa propre individualité. Lorsqu'une relation n'est pas minée par des exigences et des attentes déraisonnables, elle s'intensifie. Plus vous vous sentez indépendant, plus vous appréciez votre partenaire. L'amour vrai dépend de la liberté vraie. Seuls ceux qui sont libres peuvent se permettre d'aimer sans réserve.

Le temps que vous passez avec votre partenaire doit être consacré à l'amour et au partage de ce que vous aimez tous les deux. Cela permet de chasser l'ennui et de garder vivante la relation. En ce sens, il est vital que vous conserviez une sensibilité romantique.

Nombre de personnes croient que l'amour ne dure pas toujours, qu'il est normal que l'emballement initial s'estompe et cède la place à une relation parvenue à maturité. Si vous acceptez cela, très bien. Mais en agissant ainsi, vous vous privez de l'une des plus belles expériences de la vie. Une relation de ce type signifie en effet qu'un couple a fait un compromis afin de maintenir un statu quo empreint de tolérance.

Sans amour, la vie manque d'attraits, d'où qu'il soit important de cultiver ce sentiment. Une sensibilité romantique accroîtra votre magnétisme et vous permettra d'attirer à vous les gens, les événements et les circonstances que vous désirez. Nous avons tous besoin d'amour et nous sommes reconnaissants à ceux qui le stimulent et le favorisent. Le roi Salomon a été amoureux mille fois. On le considérait comme l'homme le plus sage de la terre ! Une personne amoureuse est une personne sage.

Tout le monde désire être aimé. Tout étranger que vous rencontrez crie intérieurement « S'il vous plaît, aimez-moi ! » Et cela, même si nos gestes démentent parfois ce désir, même si, parfois, les individus eux-mêmes ne veulent pas reconnaître ce besoin intérieur.

La plupart des gens ont l'impression qu'on ne les aime pas suffisamment. Cela est dû au fait qu'ils ne peuvent retrouver l'amour qu'ils ont connu au cours de leur enfance. S'ils ont été chanceux, il s'agissait de l'amour maternel, l'amour sous sa forme la plus pure. Et c'est ainsi qu'ils traversent la vie, essayant de retrouver cette émotion parfaite en cherchant à l'extérieur d'eux-mêmes.

Examinez votre vie ! Vous trouvez des aliments à l'épicerie, une éducation à l'école, la guérison chez le médecin, vous vous adressez à un entrepreneur pour construire votre maison, à un coiffeur pour vous faire coiffer, vous achetez vos vêtements dans un magasin à rayons. Il en est de même de l'amour. Vous le recherchez ailleurs. Comme une carotte placée devant le cheval, vous croyez que l'amour est là, juste hors de votre portée !

### Cessez de compter sur les autres pour vous aimer

Si vous cherchez quelqu'un qui vous aime, comme point de départ de votre programme amoureux, vous serez déçu toute votre vie. Vous devez commencer par vous aimer et être vous-même. Si vous ne vous aimez pas d'abord, vous serez incapable de trouver l'amour chez les autres. Il vous faut générer et irradier l'amour autour de vous pour que l'on vous aime.

Mais rappelez-vous que vous ne pouvez *donner* votre amour à quelqu'un. Vous ne pouvez qu'être aimant. Être aimant, c'est apprendre à aimer votre esprit, vos pensées, votre corps, votre vie et les pouvoirs de Dieu qui sont en vous. Apprenez à aimer les arbres, les fleurs, les animaux, le soleil et tout ce que vous voyez, touchez et goûtez. Avez-vous déjà remarqué à quel point certaines personnes ont toujours des ennuis avec leur automobile ? Leur véhicule ne leur obéit tout simplement pas. Par contre, il y en a d'autres qui « parlent » à leur auto et celle-ci réagit bien, immanquablement. Il semblerait que même les objets inanimés soient sensibles à l'amour. Absurde ? Il a été scientifiquement démontré que les atomes des métaux réagissent différemment en présence de diverses personnalités.

Être aimant, voilà bien l'un de nos besoins les plus puissants. Les spécialistes du comportement ont découvert que ce n'est pas le manque d'amour qui entraîne les désordres de la personnalité mais le fait de ne pas être aimant. Un homme a prouvé cela lorsqu'il dirigeait un foyer pour jeunes délinquants. À leur arrivée au foyer, les enfants recevaient un animal qu'ils devaient soigner, nourrir et apprendre à aimer. Pour plusieurs d'entre eux, il s'agissait de la première forme de vie qu'ils pouvaient aimer. Le taux de réhabilitation obtenu à cet endroit fut spectaculaire.

### L'amour des autres

La notion voulant que l'on ne puisse aimer quelqu'un si nous n'avons pas d'abord appris à nous aimer nous-mêmes peut, au premier abord, sembler très égocentrique. Mais tel n'est pas le cas si nous réalisons que nous sommes unis en conscience avec tous les autres habitants de la terre. De la même manière que notre tête est liée à nos épaules, que nos mains sont liées à nos bras et nos pieds à nos chevilles, chaque individu est le prolongement de tous les autres. Une infection dans une partie de l'organisme signifie que tout le corps est affecté ; lorsque nous blessons quelqu'un mentalement, physiquement ou émotivement, nous nous blessons nous-mêmes.

À cause de cela, nous ne pouvons dire : « Que le reste du monde aille au diable, je vais m'occuper de ma personne. » Au contraire, en s'aimant d'abord soi-même, on assume personnellement la responsabilité d'élever la conscience de l'humanité car, à l'instar d'une chaîne, le genre humain n'a pas plus de force que n'en a le plus faible de ses maillons.

### Quelques aspects importants de l'amour en relation avec votre développement personnel

Demeurez calme et aimez, quelles que soient les circonstances. L'amour n'est pas un état passif mais une force conquérante. Si quelqu'un pose à votre endroit un geste qui vous semble injuste ou inéquitable, apprenez à lui pardonner, car le pardon fait partie de l'amour. Considérez cette expérience comme une leçon que vous apporte la vie. La façon dont vous la vivrez déterminera si vous comprenez ou non le sens de l'amour. Si oui, vous pourrez lui pardonner, sachant que tout ira finalement pour le mieux dans le meilleur des mondes. Profiter des « leçons de l'amour », c'est parvenir à de nouvelles dimensions de la réussite et de la prospérité, de la paix et de la satisfaction.

Apprenez à aimer tout ce qui vous arrive, parce que toutes ces expériences vous donnent l'occasion de croître dans la conscience de l'amour. Dites-vous plusieurs fois par jour : « Je grandis dans la conscience de l'amour. » Si vous réussissez, la vérité de tout ce qui vous entoure enrichira votre vie d'une merveilleuse manière.

Nombre de personnes passent leur vie à haïr, à critiquer et à condamner les autres parce qu'elles ne sont pas suffisamment aimantes. Ce sont les personnes négatives. Elles ont de la facilité à rabaisser les autres en usant de sarcasmes, de sorte que ceux-ci se sentent si incapables et si inutiles qu'ils hésitent, se tiennent à l'écart ou abandonnent tout bonnement. Les personnes négatives répriment leur amour, leur reconnaissance et leurs compliments parce qu'elles croient devoir toujours dire ce qu'elles pensent, sans égard pour le mal qu'elles causent. Elles justifient leur hostilité verbale en la qualifiant de critique constructive, d'honnêteté ou même d'évaluation objective. Leur plus grand talent est de pouvoir trouver et identifier les faiblesses des autres plutôt que leurs forces.

Il y a quelques années à New York, j'ai dirigé un colloque destiné aux couples mariés. L'une des expériences de ce colloque consistait, pour chaque personne participante, à dresser la liste de dix qualités de son conjoint. J'offrais un prix à la personne qui terminerait la première. L'aspect le plus intéressant et non le moins révélateur de cette expérience, fut de constater qu'au moment même où la première personne terminait, certains participants n'avaient pas encore noté une seule qualité. Ces individus refusaient ou étaient incapables de noter une seule caractéristique positive ou flatteuse de la personne avec laquelle ils partageaient leur vie.

Il est bien connu que lorsqu'on parle positivement et affectueusement aux plantes, celles-ci sont saines et poussent mieux, tandis qu'elles dépérissent ou meurent lorsqu'elles se sentent négligées ou rejetées. Si vous produisez un tel effet sur vos plantes, imaginez tout le mal que vous pouvez causer à un être humain!

Le pouvoir positif de l'amour détermine le taux de succès que vous aurez dans la vie. Pour réussir, vous devez être capable de faire des choses. Il y a trois façons d'y parvenir : exécuter vous-même la tâche, vous faire aider par quelqu'un ou former une équipe avec d'autres et prodiguer votre aide.

La première méthode est la plus courante, mais c'est aussi la moins efficace parce que vous êtes restreint par la somme de temps et d'efforts dont vous disposez personnellement. Si vous lisez la biographie de personnes exceptionnelles, vous constaterez qu'elles ont généralement réussi en favorisant leur croissance par le biais de l'effort des autres. En d'autres mots, elles ont réalisé des choses en recevant ou en prodiguant de l'aide.

Prodiguer de l'aide constitue l'un des secrets méconnus du succès. Vous faites des choses en aidant les autres à faire de même. Si vous êtes un contremaître, un directeur ou un patron, vous améliorez vos chances de réussite en aidant vos subordonnés à réussir. Si vous êtes professeur, votre réussite est directement proportionnelle à celle de vos étudiants ; c'est en leur montrant comment obtenir ce qu'ils veulent obtenir, eux, que vous obtiendrez votre propre succès. Toute relation, y compris le mariage, ne peut évoluer que lorsque vous apprenez à aider les autres.

L'amour est le moyen par lequel vous aidez les autres à réussir. Il s'exprime par votre capacité à faire en sorte qu'ils se sentent importants, vivants et en mesure de s'améliorer. En prodiguant aux autres de la reconnaissance et de la confiance, et en soulignant leurs caractéristiques positives, vous les encouragez à utiliser le mieux possible leurs possibilités illimitées. Le plus grand service que vous puissiez rendre aux autres est de leur ouvrir les yeux sur leur propre grandeur, sur leurs possibilités, dont ils n'ont jamais soupçonné l'existence. C'est cela que veut dire l'expression « aimer son prochain ».

Mais aider les autres n'est pas une notion à sens unique. En étant encourageant et en soulignant les points forts des gens, vous vous aidez aussi. Non seulement cela vous permet-il de satisfaire votre propre besoin d'être aimant, mais chaque geste positif entraîne une réaction encore plus positive et améliore votre confiance en vous-même.

Emmet Fox illustre ce phénomène avec beaucoup de justesse lorsqu'il affirme : « Un amour suffisant permet de tout surmonter. Il n'y a pas de difficulté que l'amour ne puisse aplanir, pas de mal qu'il ne puisse guérir, de porte qu'il ne puisse ouvrir, de culpabilité qu'il ne puisse chasser, de mur qu'il ne puisse abattre, de péché qu'il ne puisse racheter. L'amour vous porte vers les plus hauts sommets. » Et ce sont ces sommets que vous devez viser.

Pour ma part, j'aime tout ce que je fais. J'aime mon travail. J'aime voyager. J'aime mes auditoires. Et j'aime écrire ce livre qui vous est destiné !

## Septième secret

# L'esprit, votre instrument

Des scientifiques déclaraient récemment que la prochaine grande région que l'homme devrait explorer se trouvait située juste entre ses deux oreilles. En effet, il faut reconnaître que nous connaissons peu de choses en ce qui concerne l'esprit humain et son principal outil, le cerveau.

Comme l'électricité, l'esprit est une force utile qui existe et existera éternellement. Ses pouvoirs dépassent l'imagination. Même si, jour après jour, la science en apprend de plus en plus concernant ses fantastiques possibilités, nous devons nous garder d'attendre que cette dernière nous fournisse un mode d'emploi nous permettant d'utiliser à bon escient ce don naturel que nous possédons tous.

Car plus vous attendrez, plus vous étudierez et chercherez ailleurs, plus vous vous éloignerez de l'objet de vos recherches. Il est inutile de chercher au-delà de vous-même la force qui vous permettra d'acquérir de l'assurance et aplanira tous vos problèmes, de sorte que vous puissiez vivre comme vous le désirez. Le pouvoir qui vous a créé et soutenu ne l'a pas fait afin que vous soyiez dans l'obligation de lire un livre, suivre un cours ou attendre une découverte scientifique pour qu'enfin vous puissiez vivre pleinement votre vie. Depuis le début, les solutions dorment en vous. Depuis toujours, vous possédez la sagesse, l'intuition et les ressources mentales pour vivre pleinement et parfaitement.

Partout les gens cherchent, prient et luttent pour acquérir la confiance en eux-mêmes, progresser spirituellement et obtenir les biens qu'ils désirent, sans se rendre compte toutefois, que rien ni personne en dehors d'eux ne peut les aider, qu'il s'agisse de leur famille, de leurs amis, de leurs patrons, de leur gouvernement ou de leur religion. La raison en est fort simple, si simple d'ailleurs qu'elle leur échappe. Même si le Maître répétait à ses disciples : « *Tout ce dont vous avez besoin est en vous* », même s'il disait souvent : « *Ne cherchez pas ici, ne cherchez pas là, le Royaume des Cieux est en vous* », des millions de personnes ne savent pas encore qu'elles ont personnellement la capacité et le pouvoir de réaliser tous leurs désirs.

Le système d'éducation, le gouvernement et la religion ont contribué à créer une subtile atmosphère de dépendance qui place et maintient l'individu moyen dans une situation de servitude mentale. Par conséquent, la plupart des gens recherchent une aide à l'extérieur d'eux-mêmes. Ils veulent que tout le monde, Dieu en particulier, fasse pour eux ce qu'ils devraient faire eux-mêmes. Ils ne sont pas conscients que toute la sagesse, l'intuition, la perfection, l'amour et les capacités dont ils ont besoin sont en eux, et que ces grands pouvoirs attendent d'être mis en oeuvre.

## Faire partie intégrante de son esprit

Pour les besoins de notre étude, nous allons subdiviser l'esprit en trois phases fondamentales : le conscient, le subconscient et le supra-conscient. Tout au long de ce chapitre, vous devrez vous souvenir constamment que vous n'avez pas trois esprits, mais un seul. Et cet esprit unique est doté de trois phases. C'est un peu comme l'air que nous respirons : vous et moi ne respirons pas le même air, car la présence de l'air est universelle et nous en utilisons tous une portion. Il en est de même de l'esprit. Votre esprit est cette portion de l'esprit universel que vous utilisez, et on peut subdiviser cette portion en trois phases dont les limites ne peuvent être clairement définies. C'est ainsi que les étiquettes semblent plus précises que les phases qu'elles sont censées représenter.

Pour vivre une vie créatrice et acquérir une totale assurance en vous-même, vous devez vous familiariser avec les trois phases de votre esprit et comprendre les fonctions primordiales de chacune d'elles. C'est à ce moment que vous pourrez participer activement au travail de ces trois phases et que vous ferez partie intégrante de votre esprit.

Tout ce qui vous arrive au point de vue émotif, mental, physique et spirituel n'est que la manifestation de ce qui se produit dans votre esprit : cette fantastique puissance électrique qui peut reproduire avec précision les sentiments, pensées, sensations, visions, sonorités et stimulus qui lui proviennent du monde extérieur. Pensez à vos yeux et au magnifique travail de coordination qu'ils effectuent avec votre cerveau, ce qui vous permet de voir. Car vous ne voyez pas vraiment avec vos yeux mais plutôt avec votre cerveau ! En tant que principal outil de l'esprit, le cerveau peut visualiser et projeter le modèle de tout ce que vous souhaitez. Ses pulsations électriques sont des formes d'énergie qui ont le pouvoir de créer dans le monde extérieur tout ce que vous visualisez avec précision dans le monde intérieur de votre esprit. C'est en dirigeant votre esprit que vous pourrez diriger votre vie !

Après avoir réalisé la fission de l'atome, les scientifiques ont découvert que l'on peut générer une formidable puissance en canalisant des ondes d'énergie invisibles de l'univers. Mohammed parlait de cette puissance lorsqu'il disait : « Brisez un atome, et vous trouverez un soleil en son centre. » Votre esprit est en fait un formidable cyclotron. Il peut générer un courant d'énergie dynamique capable de créer, sur une substance invisible, tout ce que vous êtes en mesure de visualiser ; le contenu de cette substance invisible sera ensuite matérialisé dans la réalité extérieure. Une idée conservée à l'esprit peut ainsi attirer à elle les éléments nécessaires à la réalisation matérielle de votre désir.

C'est en procédant aux lancements de fusées dans le vide illimité du temps et de l'espace, que l'on découvrit de puissantes forces magnétiques à l'oeuvre dans l'univers. Ces forces sont soumises aux lois de l'attraction et de la répulsion, ces mêmes lois qui gouvernent la force gravitationnelle de la terre, du soleil et des étoiles. Une force électromagnétique similaire existe dans votre esprit et c'est votre sang, une solution essentiellement saline, qui en est le plus grand conducteur d'électricité. Songez à l'Intelligence qui a conçu l'étonnant système grâce auquel les impulsions nerveuses du cerveau sont instantanément transmises à toutes les parties de l'organisme. Cette même

Intelligence est en mesure de matérialiser dans la réalité ce que vous visualisez et conservez dans votre esprit.

L'électricité est magnétique. Le monde est rempli d'électricité. Il en est de même de votre organisme. Vous devez être constamment conscient de ce fait et apprendre à utiliser votre magnétisme pour attirer, et non repousser, ce que vous désirez dans la vie.

**La loi du magnétisme mental**

La loi du magnétisme mental stipule que *vous attirez à vous ce à quoi vous pensez avec le plus de persistance*. Et il convient ici de rappeler quelque chose que nous avons dit précédemment : nous ne sommes pas ce que nous croyons être, mais nous sommes plutôt ce à quoi nous pensons.

La loi du magnétisme mental est semblable à la loi naturelle du magnétisme. Permettez-moi de vous donner un exemple. Si vous aviez un aimant pouvant attirer l'acier, il attirerait tout ce qui est acier. Il n'attirerait que l'acier et repousserait toutes les autres substances : car *les semblables s'attirent*. Mais pourquoi un aimant est-il un aimant ? Simplement parce que toutes ses molécules sont dirigées dans la même direction. Leur pouvoir d'attraction est donc concentré. Or cette concentration ne se retrouve pas dans la composition moléculaire des autres métaux ; chez ceux-ci, les molécules s'opposent et s'attirent mutuellement. Ce phénomène établit implicitement la valeur de l'unité d'action.

Quelle que soit votre *pensée dominante*, maladie ou santé, réussite ou échec, abondance ou pénurie de biens matériels, amour ou haine, l'objet de votre attention sera nécessairement attiré vers vous. Car les cellules de votre cerveau émettent des ondes magnétiques de pensées qui voyagent à l'infini. Chacune de ces cellules représente une forme de désir et la combinaison de celles-ci permet d'attirer la somme totale de vos désirs, peu importe qu'ils soient positifs ou négatifs.

L'important est donc de *savoir exactement ce que vous voulez*. Sinon, vous risquez d'obtenir des résultats déconcertants. Vous pouvez très bien dire : « Je ne veux pas être malade, mais je le suis tout de même. » Mais à quoi pensez-vous le plus souvent ? Vers quoi dirigez-vous votre attention dominante ? La maladie !

Ernest Holmes, professeur et métaphysicien de renom, reçut la visite d'un ami qui souffrait d'un mauvais rhume. Celui-ci demanda à Holmes de soigner son rhume. Holmes lui répondit : « Ton rhume semble très bien se porter. Si on te soignait plutôt pour que tu recouvres la santé ? » Rappelez-vous que *les semblables s'attirent*. Cette loi s'applique dans tous les cas.

Les gens qui ne savent pas vraiment ce qu'ils veulent attirent constamment à eux des éléments qui ne sont pas conformes à leurs souhaits. Apparemment, tout le monde désire avoir du succès, des amis, de l'amour, du bonheur et de la sécurité, mais à cause d'un processus erroné de la pensée, ce n'est pas nécessairement ce que les gens veulent subconsciemment. Une seule personne sur dix mille comprend vraiment cet étonnant phénomène.

Si vous demandez aux gens d'énumérer leurs plus grands désirs, vous constaterez que leurs listes comportent des similitudes frappantes. De plus, tous les éléments de ces listes ont un point commun : *ils sont tous positifs*. Cela est dû au fait que nous n'admettons dans notre esprit que les pensées de nature positive. Personne n'admet vouloir échouer, être malade ou pauvre, être malheureux ou manquer de sécurité. Tout le monde est d'avis contraire. En vérité, nous sommes construits sur le modèle de l'aimant : celui-ci possède deux pôles opposés, l'un attire et l'autre repousse. C'est ainsi qu'*à chacun de nos désirs positifs correspond un désir négatif que nous refusons d'admettre* et dont, bien souvent, nous ne sommes même pas conscients. Ainsi, il est primordial que nous sachions exactement ce que nous désirons, car la loi du magnétisme mental attire toujours notre véritable désir. Elle n'attire pas nos souhaits, nos fantaisies ou nos caprices passagers.

Nous disons tous désirer le succès, mais en vérité, peu d'entre nous le veulent vraiment. Nous ne sommes pas disposés à prendre les mesures qui s'imposent. Ainsi il ne faut pas croire que les gens qui ont de l'argent ne réussissent pas ; au contraire, ces personnes ont de l'argent parce qu'elles réussissent. C'est que la plupart d'entre nous recherchons les résultats du succès, sans la responsabilité qui l'accompagne. Avec toute la connaissance, l'éducation et la formation dont nous disposons de nos jours, il est bien plus difficile d'échouer que de réussir. Mais la réussite effraie la plupart des gens, et ceux-ci échouent parce que, subconsciemment, ils le désirent.

Il y en a qui disent rechercher l'amitié ou l'amour, et pourtant leur attention est dominée par la critique, la haine, la jalousie, l'envie et la vengeance. Il y en a qui disent rechercher la popularité et la reconnaissance, et qui, simultanément, manifestent le désir qu'on les laissent seuls. Il y en a qui disent rechercher le bonheur et qui, pourtant, sont toujours déprimés, en colère ; ils se sentent rejetés, sont rancuniers et ils s'apitoient sur leur sort. Et la liste pourrait s'allonger indéfiniment. Le fait est que vous concentrez votre attention dominante sur ce que vous désirez vraiment et que vous obtenez, par le biais de la loi du magnétisme mental, l'objet de cette concentration.

La loi du magnétisme mental s'applique aussi à l'irradiation de vos pensées. Si vous lancez un caillou dans un étang, vous observez qu'il se produit des ondes circulaires à la surface de l'eau. Si vous lancez simultanément deux cailloux dont le poids et la taille diffèrent à quelques pieds l'un de l'autre, vous constaterez que leurs ondes convergeront les unes vers les autres. Dans la lutte pour la suprématie qui s'ensuivra, les ondes plus fortes du plus gros caillou l'emporteront et annuleront celles du petit caillou. Il en est de même de vos pensées. Plus la pensée est importante et plus la réflexion est intense, plus les pensées moins importantes s'estomperont facilement. Or les pensées positives génèrent des ondes plus importantes, plus énergiques et dotées de vibrations plus fortes. Ces vibrations plus puissantes atteignent donc leur objectif car, comme le plus gros des deux cailloux, elles génèrent des ondes plus hautes et plus puissantes.

La science peut désormais mesurer les ondes de la pensée. Dans certains tests, on suggère au sujet de penser à un quelconque objet, et l'onde de pensée projetée par celui-ci est captée et mesurée par un appareil photographique. Si le sujet, par exemple, se concentre sur un triangle, cet appareil peut reproduire l'image parfaite du triangle.

Dans d'autres expériences, il s'agissait de photographier une eau que l'on était en train de bénir. Les photos préliminaires de celle-ci révèlent de très petites vibrations, mais au moment même où l'on bénit cette eau, les photos enregistrent un accroissement significatif des vibrations, ce qui indique que le pouvoir de la pensée positive est transmissible à un objet.

Chaque fois que vous émettez une pensée négative, tout comme lorsque vous éteignez la lumière dans une pièce, vous réduisez automatiquement le magnétisme de votre corps et de votre esprit. Les pensées de pauvreté, de maladie, de haine, de ressentiment, de pénuries et de limitations vous isolent du pouvoir créateur qui vous permet de magnétiser et d'attirer. Plus cela se produit souvent, plus vous réduisez votre source de puissance mentale, jusqu'à ce que, comme une batterie d'automobile, elle se retrouve à plat. Heureusement, vous pouvez recharger votre batterie et redevenir un individu de plus en plus magnétique en faisant appel aux pensées et aux paroles positives. Rappelez-vous que ce qui est positif crée, et que ce qui est négatif détruit.

Il est donc temps que nous commencions à apprendre comment fonctionne notre esprit et de quelle façon nous pouvons utiliser un processus de pensée approprié qui nous permettra de magnétiser et d'attirer à nous tout ce que nous désirons dans la vie. Dans le présent chapitre, nous nous familiariserons avec la première des trois phases du pouvoir de l'esprit : le supra-conscient.

## La phase supra-consciente du pouvoir de l'esprit

L'esprit créateur s'est vu attribuer plusieurs noms par les philosophes, les psychologues et les mystiques de toutes les époques. Un exemple ancien et intéressant de son utilisation est celui de Moïse qui a entendu une voix lui parler d'un buisson ardent. Après avoir réagi favorablement, il se vit remettre les Tables de la loi et on lui indiqua comment conduire les tribus d'Israël du désert à la liberté. Alors qu'on lui demandait qui l'avait dirigé, il répondit : « *Je suis* m'a envoyé. » Sans doute faisait-il allusion à l'Intelligence créatrice de tous les êtres humains.

L'expérience de Moïse démontre qu'en chacun de nous se trouve un centre de pouvoir qui connaît la voie parfaite que l'on doit emprunter, un monde d'idées absolues qui ne peuvent être erronées. Cette source, avec laquelle nous pouvons entrer en contact à volonté, nous donne toujours l'information dont nous avons besoin pour nous conduire des lieux arides à des pâturages plus verdoyants. William James parlait du pouvoir transcendental de l'esprit supra-conscient. Emerson l'appelait l'esprit universel. Quel que soit le nom que vous lui donniez, croyez simplement en son existence et, parce qu'il connaît la voie parfaite que vous pouvez emprunter, il vous est possible de canaliser son énergie illimitée afin d'obtenir les idées créatrices dont vous avez besoin pour résoudre vos problèmes.

**Les êtres exceptionnels ont utilisé ce pouvoir**

Vous pouvez acquérir de l'assurance en libérant vos possibilités illimitées par le biais du pouvoir de votre esprit. Tout comme l'artiste se forme d'abord mentalement l'image de l'oeuvre qu'il veut exécuter, la loi de l'attraction magnétique peut matérialiser dans la réalité ce que vous visualisez de façon détaillée. Clara Barton utilisait ce pouvoir : elle se voyait aider les gens dans la détresse, et c'est à partir de cela que la Croix-Rouge a vu le jour. Betsy Ross visualisait le drapeau américain et son image mentale est devenue une réalité. Jeanne d'Arc entendait des voix qui la guidaient et son esprit créateur l'a menée à la victoire.

La Bible mentionne ce pouvoir intérieur qui sait tout. Le Maître en parlait simplement et sérieusement lorsqu'il disait : « Ce n'est pas moi, mais le Père en moi, c'est lui qui oeuvre. »

Le philosophe Épictète en parlait ainsi :

> Lorsque tu as fermé les portes et obscurci ta chambre, rappelle-toi de ne jamais dire que tu es seul, car tu n'es jamais seul ; Dieu est en toi, et ton génie est en toi... et quel besoin ont-ils de la lumière pour voir ce que tu fais ?

La plupart des gens croient qu'il y a un Pouvoir supérieur qui dirige et ordonne l'univers. Le concept de ce Pouvoir supérieur diffère selon les individus et selon les groupes, mais la plupart s'entendent pour dire qu'il existe. Si tel est votre cas, vous devez inévitablement conclure que ce Pouvoir doit communiquer avec nous, et nous avec lui, d'une certaine façon, tout comme l'ont fait les grands pédagogues et les grands penseurs. Nous entrons en contact avec celui-ci par le biais de la phase supra-consciente de l'esprit, et cela se produit lorsque nous méditons.

Il est vital que nous prenions régulièrement le temps de nous arrêter et de permettre ainsi au supra-conscient de nous parler et de nous guider. Il ne nous parle pas en anglais, en français, en italien ou en une autre langue ; il nous parle par le biais d'une certaine intuition qui se manifeste en nous comme une sensation ou un désir. Lorsque nous recevons des sensations intuitives du supra-conscient, nous sommes guidés vers les personnes, les lieux ou les circonstances qui sont nécessaires à la réalisation de notre objectif créateur.

On peut facilement observer l'expression de ce pouvoir intuitif dans le monde animal. Regardez un oiseau construire son nid. Nul ne lui a appris à le faire. Il s'en remet simplement à son intuition qui lui indique comment construire parfaitement le nid. Nous qualifions d'instinct cette expression lorsqu'elle se manifeste dans le monde animal ; chez l'homme, nous l'appelons intuition. Canalisée par notre esprit, cette même intuition nous montre comment construire notre vie à la perfection, à condition que nous lui soyons ouverts et réceptifs.

Rappelez-vous que la phase supra-consciente de l'esprit est le domaine des *idées absolues*. Elle connaît la voie parfaite et ne peut donc jamais se tromper. Si nous apprenons à lui faire confiance, nous commettrons moins d'erreurs parce que nous serons guidés par la *sagesse infinie*. C'est cette même source de sagesse qui a guidé tous les grands esprits.

**Vos désirs sont la manifestation de votre pouvoir créateur**

L'Intelligence créatrice manifeste son pouvoir créateur par l'intermédiaire du désir. Notre monde tout entier a été construit grâce aux pensées magnétiques de personnes qui avaient le désir de créer, d'aller de l'avant et de diriger l'humanité. *Le désir est le germe de la réalisation. Tout ce que votre esprit peut concevoir, imaginer et visualiser doit devenir votre réalité.*

*L'Intelligence créatrice s'adresse à vous par le biais de l'intuition.* Cette intuition se manifeste sous la forme du désir que vous ressentez de réaliser quelque chose de créateur. Le désir peut exercer sa magie grâce à la puissance du système nerveux sympathique. En effet, lorsque vous voulez quelque chose avec suffisamment d'intensité, le désir s'enracine dans votre subconscient ; l'émotion est alors transmise aux nerfs et aux muscles de votre organisme et vous êtes porté à agir.

L'aspect le plus important à retenir en ce qui concerne le désir est le suivant : si vous ressentez le désir de faire quoi que ce soit de créateur, c'est que vous possédez au fond de vous-même les moyens de réussir. Car l'Intelligence créatrice ne vous aurait pas inspiré un tel désir si vous n'aviez pas la possibilité de le réaliser. En d'autres termes, tout désir que vous pouvez avoir, quelque fantaisiste qu'il puisse paraître, s'accompagne de la capacité et des moyens de le réaliser. Tous ceux qui ont accompli de grandes choses ont d'abord éprouvé un désir. Au début, pour la plupart de ces personnes, la réalisation de celui-ci semblait impossible, mais leur foi en eux-mêmes et en ce pouvoir créateur leur a permis d'acquérir les talents, les compétences et les habiletés nécessaires à sa concrétisation.

Ce que nous sommes en train de dire, c'est que tout ce que vous désirez maintenant peut devenir votre réalité. Si vous désirez la richesse, vous serez attiré vers des circonstances qui vous permettront de faire fortune. Si vous désirez des amis, vous serez conduit vers les personnes qui présentent des affinités avec vous. Si vous désirez un nouvel emploi, vous serez guidé vers le lieu approprié. Mais tout cela ne peut s'effectuer que par le biais de votre imagination créatrice.

## Huitième secret

# L'imagination créatrice

Le monde entier est une scène,
Et tous les hommes et femmes de simples comédiens...
Shakespeare

Le théâtre crée des rêves qui, s'ils s'avèrent conformes au concept aristotélicien du rêve, sont acceptés d'emblée par l'auditoire comme étant la « réalité ». Or, les limites que nous nous sommes fixées sont tout aussi irréelles que ce qui se produit sur scène, du fait que nous avons choisi de croire à ce qui est fictif. Cependant, en dépit de ce que nous devions accepter la réalité *du moment*, il est faux de croire que nous y soyons liés à jamais, car il nous est donné de changer l'avenir en nous servant de notre imagination.

Vous pouvez, dès maintenant, vous défaire des limites personnelles que vous vous êtes fixées. En imaginant avec persistance ce que vous voulez vraiment, vous pouvez écarter un vieux scénario au profit d'un nouveau. En d'autres termes, vous pouvez vous libérer des handicaps qui vous empêchent de progresser.

## L'imagination mène le monde

Le grand mathématicien Albert Einstein était d'avis que « l'imagination est plus importante que les connaissances ».

Le pouvoir de l'imagination constitue l'une des plus puissantes forces de l'univers. L'évolution du genre humain est directement proportionnelle à l'imagination collective de celui-ci. Chaque fois que je suis appelé à voyager, je suis toujours fasciné par l'énorme réseau que constituent les lignes aériennes. Quelle imagination il a fallu pour mettre tout cela sur pied ! Chaque phase, du premier vol de l'homme au concept multi-dimensionnel que l'on connaît aujourd'hui, fut d'abord une idée qui germa dans l'imagination d'une personne avant de devenir réalité. Et comme tous les visionnaires, ceux qui osèrent concevoir un tel réseau durent faire face à la pensée limitée de ceux qui croyaient leurs idées impossibles.

Léonard de Vinci écrivit ces mots prophétiques sur son dessin de la première machine volante : « L'homme aura des ailes. » Sa machine s'éleva bien de quelques mètres, mais les autorités religieuses de l'époque, qui voyaient dans cette machine une invention du diable, forcèrent de Vinci à la détruire. Toutefois, le temps donna raison à ce dernier car aujourd'hui les hommes et les femmes ont vraiment des ailes !

L'aspect le plus dynamique de l'imagination consiste à se former des images mentales de ce qui n'existe pas encore dans l'univers physique. Un autre pouvoir encore consiste à créer de nouvelles idées et combinaisons d'idées à partir d'expériences passées. *L'imagination créatrice*, quant à elle, nous permet d'aller au delà de la simple formation d'images mentales, car elle entraîne la concrétisation de ces images ; elle produit, donne naissance, manifeste dans la réalité les images que nous avons formées dans notre esprit. Lorsque nous imaginons une chose de façon créative, nous en favorisons la matérialisation en raison du fait que cette chose a d'abord pris forme dans notre esprit. Nos images comportent un *pouvoir créateur*, et sont transformées grâce au pouvoir de l'imagination créatrice.

Certes, le moyen par lequel les choses se matérialisent dans le monde extérieur demeure, en soi, un mystère. Ainsi, l'on sait que si l'on plante dans le sol une graine de maïs, elle produira une tige portant plusieurs épis. Ce que l'on ignore par contre, c'est la façon dont la nature tire du sol la substance nécessaire à cette nouvelle création. Mais le fait est que *l'image* ou le *concept* de la plante est contenu dans la graine.

L'idée est comparable à la graine que vous semez pour en obtenir dès lors la moisson correspondante. Et elle ne produira que ce que vous aurez semé : maïs, blé, tomates, mauvaises herbes, trèfle ou belladone. Tout dépend de *la nature de la semence*. Quelle que soit l'idée que vous couvez en imagination, qu'elle soit négative ou positive, constructive ou destructive, cette idée produira ce dont elle est faite. Les semblables s'attirent.

L'imagination créatrice est une puissante force. Toute l'industrie du Sud des États-Unis fut transformée grâce à l'imagination créatrice d'un homme. Un soir qu'il était assis chez lui, cet homme observa que son chat tentait de faire passer son canari à travers les barreaux de sa cage, mais celle-ci protégeant bien le canari, le chat se retrouva simplement avec des plumes entre les griffes. C'est cela qui inspira à l'homme le concept d'une griffe métallique qui permettrait de recueillir le coton des plantations. Et c'est ainsi qu'Eli Whitney inventa une étonnante machine : l'égreneuse de coton.

L'imagination créatrice peut servir à surmonter les problèmes du monde. Il ne faut jamais dire d'une situation qu'elle est désespérée ou sans solution. L'opinion qui veut que nous nous soyons engagés dans un étroit sentier d'auto-destruction, est tout à fait fausse. Il y a toujours eu des prophètes de malheur, et ceux-ci se sont toujours trompés. Alors que tout semblait perdu, il y a toujours eu aussi des individus dotés d'une imagination créatrice qui surent nous conduire à de plus grandes réalisations.

Tous les problèmes sont, en fait, des occasions déguisées. Les Chinois ont réalisé cela il y a longtemps, et l'idéogramme dont ils se servent pour désigner un problème grave est lui-même composé de deux autres idéogrammes, l'un représentant le problème et l'autre, l'occasion. Retenons bien cela, et n'oublions jamais d'examiner soigneusement tous les supposés problèmes graves de notre vie pour y déceler les occasions qu'ils renferment.

## La phase consciente du pouvoir de l'esprit

La phase consciente du pouvoir de l'esprit est la plus limitative du fait qu'elle dépend du monde extérieur. Elle reçoit son information des cinq sens : l'ouïe, le goût, l'odorat, le toucher et la vue. Et en raison du fait que nos sens nous trompent souvent, nous acceptons fréquemment des croyances, des valeurs et des concepts qui s'avèrent erronés.

Le conscient est objectif ; il observe, il est rationnel. Du conscient aussi nous vient la volonté. L'on pourrait comparer le conscient à une sentinelle : chargé de protéger l'accès au subconscient, le conscient filtre toutes les données qui entrent et permet dès lors au subconscient de n'accepter que ce qu'il perçoit comme étant la vérité, aussi fautive que soit cette perception.

De fait, ce que le conscient perçoit est souvent trompeur. Nous regardons vers l'horizon, et le ciel et la terre semblent se toucher ; un arc-en-ciel semble s'enfoncer dans la terre ; les rails d'un chemin de fer semblent se rejoindre au loin. Ces illusions sont le produit de fausses images et de faux messages du conscient. Si l'on relie ce concept au phénomène humain, l'on peut conclure que la maladie, la pauvreté, l'inquiétude et le désespoir sont des images erronées que nous avons acceptées de notre conscient et que nous avons choisi de perpétuer dans notre subconscient.

Pour nous libérer des limites de notre conscient, nous devons nous tourner vers l'intérieur, car c'est là que se trouve la source de la vérité. Cette source n'est pas dans le monde extérieur, et en insistant pour la rechercher à l'extérieur, nous perpétuons les situations qui nous empêchent de progresser. C'est en raison de cela qu'il faut être à l'écoute du supra-conscient, pour alors en transmettre les informations au conscient ; et afin de se doter d'expériences positives et constructives, il faut délibérément programmer ces informations dans le subconscient. Pour y parvenir, il nous faut regarder plus attentivement notre génie intérieur.

## Éveillez votre génie

Dans le conte de *La lampe d'Aladin*, on retrouve le personnage d'un génie qui exauce tous les souhaits d'Aladin, celui-ci n'ayant qu'à frotter sa lampe à quelques reprises pour faire apparaître le génie. Or, il réside en vous, présentement, un génie beaucoup plus puissant, prêt à répondre au moindre de vos désirs. Mais parce que vous n'en êtes pas conscient, ce génie dort depuis plusieurs années. Le temps est venu de le réveiller !

À travers les siècles, les personnes qui furent couronnées de succès réalisèrent, *intuitivement ou consciemment*, qu'elles aussi possédaient un pouvoir qui pouvait les servir, tout comme le faisait le génie de la lampe d'Aladin. Elles firent appel à ce pouvoir pour les aider à créer de grandes oeuvres d'art, à composer, à inventer, à écrire, à mettre sur pied des entreprises, etc. Les rédacteurs de la Bible connaissaient ce pouvoir lorsqu'ils écrivirent : « Vous êtes tel que ce que votre coeur pense. » En considérant le mot « coeur » comme un synonyme de « subconscient », ce qu'ils voulaient vraiment dire, c'est que vous êtes tel que ce que pense votre subconscient.

Toutefois, en dépit de ce qu'il possède un superbe talent et des capacités illimitées, votre subconscient est un serviteur auquel vous devez *commander*. Il ne peut se motiver de lui-même. En fait, c'est un *mécanisme automatique impersonnel* qui concrétise fidèlement tout ce que vous gravez en lui. C'est un partenaire valeureux, compétent et digne de confiance qui peut vous fournir toute l'information dont vous avez besoin pour fonctionner de manière positive et créatrice.

Rappelez-vous que votre subconscient réagit conformément aux croyances et aux convictions que vous entretenez consciemment. Votre conscient choisit ce qu'il croit vrai et votre subconscient accepte, sans aucune remise en question, tout ce que le conscient lui dicte. Votre subconscient acceptera donc l'échec tout autant que la réussite, et il fera en sorte de concrétiser autant l'un que l'autre.

En ce moment même, votre subconscient travaille pour ou contre vous. Par le biais de votre conscient, il sent et enregistre toutes vos expériences physiques, intellectuelles, mentales et émotionnelles, et il emmagasine l'information ainsi obtenue pour l'utiliser ultérieurement. La somme de ces expériences détermine votre niveau actuel de conscience.

Warren Hilton écrivait dans la revue *Applied Psychology :*

> Si on le définit par rapport à ses activités, le subconscient est cet élément de l'esprit qui, d'une part, conserve, pour les soumettre ultérieurement à l'intérêt ou à l'attention, les idées ou ensembles d'idées qui ne sont pas présentement actifs au plan conscient. Observez alors la possibilité qui s'offre à vous. D'une part, si vous pouvez maîtriser votre esprit en ce qui a trait à ses activités subconscientes, vous pouvez contrôler toutes vos fonctions corporelles, vous assurant ainsi une efficacité physique et vous libérant de tous les maux reliés à l'organisme. D'autre part, si vous pouvez choisir les idées qui seront élevées du plan subconscient au plan conscient, vous pouvez sélectionner les matériaux à partir desquels vous pourrez bâtir vos jugements conscients et vos attitudes émotionnelles.

## Le processus adéquat de la pensée

Comme nous l'avons dit, le conscient est fortement influencé par les cinq sens, et l'on peut facilement comprendre dès lors pourquoi l'on éprouve des difficultés lorsqu'on s'en remet au seul conscient pour résoudre ses problèmes. Ainsi, nos cinq sens ne nous rapportant que très rarement la vérité, nous acceptons, rejetons et comparons tout à la lumière de ce qui pourrait bien être une *certitude erronée*. Examiner une situation et évaluer l'information en se basant sur le seul conscient équivaut à examiner l'effet plutôt que la cause. Cela nous amène à porter des jugements de valeur sur nous-mêmes et sur les autres, et à évaluer ce que nous voyons, entendons et ressentons comme s'il s'agissait de la vérité. Il y a tellement de gens qui éprouvent sans cesse des problèmes parce qu'ils posent des gestes et prennent des décisions en se basant sur leur conscience erronée.

Ce qu'il nous faut faire, c'est prendre l'habitude de nous tourner vers l'intérieur pour demander à notre supra-conscient de nous guider. Tant que nous nous en remettrons au seul conscient, nous continuerons à commettre des erreurs et à subir des déceptions et des frustrations.

Le processus de pensée adéquat est le suivant :

1. Adressez-vous au supra-conscient pour qu'il vous guide.
2. Utilisez le conscient pour programmer cette information dans le subconscient.
3. Ordonnez au subconscient de se charger de cette information.

**Des faits qu'il vous faut connaître concernant le subconscient**

1. L'efficacité et la stabilité du subconscient sont directement proportionnelles à la qualité et à la clarté de l'information que lui fournit le conscient.
2. Tout ce que vous visualisez intensément peut être pris en charge par le subconscient et devenir réalité pour vous.
3. Votre subconscient attirera à vous tout ce qu'il percevra clairement comme étant votre désir.

4. Votre subconscient ne pose pas de questions, mais enregistre très fidèlement tout ce que lui présente votre conscient.
5. Votre subconscient attire à vous les circonstances, les personnes et les conditions qui vous aideront à réaliser votre désir.
6. Votre subconscient ne réalisera pas automatiquement vos objectifs et vos désirs. Vous devez le lui ordonner et lui dire précisément ce que vous voulez.
7. Lorsque vous le lui demanderez, votre subconscient signalera à votre conscient toutes les bonnes occasions, de même que toutes les personnes et les circonstances qui sont susceptibles de contribuer à la réalisation de votre désir.

## Comment programmer votre génie

Votre subconscient réagit à trois facteurs :

*I. La verbalisation*

Les paroles ont un pouvoir fantastique. Elles peuvent améliorer ou détruire votre vie. Elles ont fait de vous ce que vous êtes présentement. La Bible dit : « Chaque mot qui sortira de ta bouche ne te reviendra pas vide de sens. »

La parole est la pensée verbalisée, et vous prononcez près de vingt mille mots par jour. La façon dont vous vous exprimez exerce une profonde influence sur vos sentiments, vos gestes et vos réalisations. Ce que vous dites détermine pratiquement tout ce que vous faites ; ainsi, les paroles peuvent même modifier la tension artérielle, le pouls et la respiration.

Le subconscient accepte sans poser de questions les paroles que nous utilisons pour le programmer, que celles-ci soient positives ou négatives. Les déclarations ou les affirmations positives améliorent votre vie, alors que les déclarations négatives la détruisent. Prenez dès maintenant quelques minutes pour y réfléchir, et voyez si vous ne répétez pas certaines des phrases négatives qui suivent :

Je n'aime pas mon travail.
Je m'inquiète beaucoup.
Je n'ai jamais d'argent.
Je suis incapable de cesser de fumer.
Je n'arrive pas à m'entendre avec cette personne.
Je n'ai plus autant d'énergie qu'avant.
Je n'ai pas suffisamment de temps pour faire ce que je veux.
Je n'ai pas de patience.
Je suis comme ça.
Je n'ai aucun talent spécial.
J'ai besoin de repos.
Je ne suis pas parfait.
Quoi que je fasse, je n'arrive pas à maigrir.
J'ai trop de travail.
J'ai du mal à établir des contacts avec les gens.
J'ai une piètre mémoire.
J'attrape toujours le rhume au printemps.
Je ne me sens pas très bien.
Je ne me rappelle jamais les noms des gens.

Bien sûr la liste pourrait se poursuivre encore longtemps, mais elle est suffisamment longue pour vous montrer comment nous nous programmons. Le subconscient est alors obligé d'obéir à ces ordres négatifs, et nous subissons la maladie, les privations et l'échec.

Vous devez plutôt réexaminer votre discours et transformer ces expressions destructrices. Pour programmer votre esprit, vous devez utiliser des expressions positives et vous les répéter sans cesse jusqu'à ce que votre subconscient les accepte comme étant la réalité. En psychologie, on appelle cela la *loi de l'impression mentale prédominante*. Lorsque vous vous dites sans arrêt que vous êtes malade, votre subconscient est *obligé* de vous rendre malade ; si vous vous répétez que vous êtes en santé, il est *obligé* de vous conserver en santé. Évitez toujours de vous mettre dans une situation contradictoire en vous répétant par exemple que vous vous sentez en pleine forme, pour, quelques instants plus tard, lorsqu'on vous demande comment vous allez, déclarer que vous allez très mal simplement pour obtenir la sympathie de votre interlocuteur. Ce genre d'attitude a pour effet de jeter la confusion dans le subconscient, et vous risquez d'en souffrir.

*II. Sentiments et émotions*

L'émotion est le véhicule de la créativité. De fait, il n'est pas de geste créateur sans émotion. Le subconscient réagit très favorablement aux sentiments et aux émotions. La répétition a en soi peu d'effet, mais prenez garde : les émotions et les sentiments négatifs tels que la crainte, l'anxiété, la frustration, la jalousie ou la haine, ont tout autant d'impact que leurs contreparties positives, et c'est d'ailleurs là la raison pour laquelle ils sont si destructifs.

Parler à haute voix ou écouter de la musique en se répétant une idée pour en imprégner votre subconscient contribue à augmenter l'intensité des vibrations et vous aide à assimiler plus rapidement l'information. Des études psychologiques ont démontré que l'on peut accélérer le processus de quatre-vingt-cinq pour cent si vous écoutez de la musique en répétant vos affirmations, ou encore si vous écoutez l'enregistrement que vous aurez fait de ces affirmations.

*III. La visualisation*

Tout commence dans l'esprit. Il est impératif que vous compreniez cela. L'imagination ou la visualisation constitue le pouvoir pictural de votre esprit. Votre subconscient réagit aux images qui sont projetées sur votre écran mental. Considérez votre subconscient comme l'entrepreneur qui construira votre vie ; vous en êtes l'architecte et votre imagination en est le plan.

Mentalement, vous projetez constamment un film dont vous tenez le rôle principal, et les images de ce film déterminent votre comportement et le genre de vie que vous menez. Or, vous avez le pouvoir de vous créer mentalement une nouvelle vie. Vous pouvez obtenir tout ce que vous visualisez. Il vous suffit de vous voir comme si votre désir était réalisé, et cela fait, *considérez votre désir comme ayant effectivement été réalisé* ; c'est vous qui avez le pouvoir de décision. Ce à quoi vous pensez aujourd'hui est une nette indication de ce que vous ferez plus tard.

Visualisez-vous comme possédant, faisant ou étant déjà ce que vous voulez ; voyez-vous jouissant de tout cela. Observez tous les détails, les couleurs, les lieux et les gens aussi nettement que possible. Conservez clairement ces images dans votre esprit. Et ce qui est plus important encore, vous devez faire partie de l'image. Munissez-vous d'un cahier et intitulez-le « Le plan du destin » ; mettez-y des images en couleurs de ce que vous désirez, des lieux où vous désirez vous rendre et des choses que vous voulez faire. Regardez ces images chaque jour et laissez-les s'enraciner dans votre subconscient. Vous maîtriserez bientôt la technique de la visualisation et votre désir se réalisera.

## Le subconscient : un mécanisme automatique de création

Vous pouvez former votre subconscient à accomplir tout ce qui relève d'un choix conscient de votre part. Le grand virtuose parvient à jouer du piano avec aisance du fait qu'il a consacré des années à se perfectionner subconsciemment. Son subconscient a enregistré ces souvenirs et les libère maintenant automatiquement, de façon à ce que le pianiste n'ait pas à se demander quelle touche il doit enfoncer chaque fois qu'il veut jouer une note différente.

Votre subconscient est un mécanisme automatique qui peut résoudre vos problèmes et transformer votre vie beaucoup plus facilement que ne le peut votre seul conscient. De plus il ne connaît aucune limite, puisque vous pouvez sans cesse parfaire sa formation. Et aussi longtemps que vous continuerez à visualiser l'objet de votre désir, votre subconscient, telle une torpille qu'on aura programmée à chercher son objectif, oubliera les erreurs, changera de trajectoire, corrigera sa course et vous mènera droit à la cible, et cela, automatiquement.

## Vous avez déjà ce que vous voulez

La clé de la mise en oeuvre du pouvoir de votre subconscient consiste à vous dire que « ça marche ». Vous devez par conséquent imaginer le *résultat final*. Ayez le sentiment que vous pouvez obtenir ce que vous voulez ; ayez le sentiment que vous le possédez déjà et profitez-en *maintenant*.

Votre conscient limitatif peut conspirer contre vous par le biais de votre intellect. Il peut vous dire que votre objectif est irréalisable ou qu'il est impossible à atteindre. N'acceptez pas cela comme une vérité. *Rappelez-vous plu-*

*tôt que vous obtiendrez ce que vous voulez lorsque vous aurez le sentiment que vous le possédez déjà.*

Si vous désirez une automobile neuve, rendez-vous chez un concessionnaire et procurez-vous quelques brochures. Examinez-en les images. Arrêtez-vous souvent à la salle de montre et examinez votre automobile. Imaginez-vous au volant du véhicule. Agissez comme si vous en étiez déjà le propriétaire ; agissez comme si l'on venait de vous informer que l'auto a été expédiée et que vous la recevrez sous peu. Vous pouvez même faire l'achat de quelques accessoires.

D'avance, soyez reconnaissant. Cela peut vous sembler étrange si vous n 'en saisissez pas le principe, mais en manifestant d'avance votre reconnaissance, vous agissez comme si l'objet de vos rêves était sur le point de vous parvenir. Cela accepté, votre situation commencera dès lors à changer du fait que vous aurez visé un degré de conscience plus élevé que celui qui avait été le vôtre jusque là. Vous serez dans un état d'attraction magnétique.

## Neuvième secret

# Choisir sa destination

Pour que votre vie en soit une de succès, il vous faut vous consacrer à la réalisation d'un plan de vie qui soit valable. Si vous ne vous engagez pas consciemment à donner un but et une direction à votre vie, vous errerez tel un navire qui, privé de son capitaine et dépourvu d'un itinéraire, n'a d'autre destinée que d'aller s'échouer sur le rivage d'une île déserte.

Dans la vie, bien des occasions nous passent sous le nez simplement parce que nous ne savons pas où elles mènent. Il y a dans l'univers une force intelligente qui déploie présentent le plan d'ensemble de la création. Or, vous faites partie de ce plan. Si vous examinez les astres, les animaux, les végétaux et les océans, vous constaterez que tout cela fait partie d'un univers ordonné. Chaque élément a sa place et sa raison d'être. Vous aussi y avez votre place et *vous seul* pouvez occuper celle-ci d'une façon qui soit ordonnée et souhaitable.

Peut-être vos problèmes viennent-ils du fait que vous n'êtes pas à votre place. Il y a peut-être des choses que vous devriez faire, mais que vous négligez ou que vous évitez de faire. Vous ne saisissez pas pleinement le fait que vous êtes un individu unique ayant un espace spécial à occuper et un objectif à réaliser. Votre contribution à la vie ne semble peut-être pas importante, mais parce que vous faites partie du plan de l'Architecte suprême, vous êtes tout aussi important que la personne la plus importante que vous connaissez.

Tous les événements importants qui se sont produits à travers les âges faisaient partie du Plan créateur. Toutes les grandes réalisations de ce monde ont vu le jour grâce à des individus qui ont écouté leur voix intérieure qui manifestait un puissant désir et les poussait à le réaliser. Pour d'autres, ces désirs ont peut-être semblé futiles. Mais ceux qui créent ont un but et ils savent où ils vont. Ils réalisent qu'ils ne sont pas simplement des bouts de liège flottant sans but sur l'océan, mais des individus en pleine possession de leur destin.

Plusieurs études ont démontré que les personnes qui planifient soigneusement leur vie sont plus heureuses et réussissent mieux que celles qui n'en font rien. Il est malheureusement vrai, par exemple, que ce qui distingue le plus les patients des institutions mentales des autres personnes est que ceux-ci n'ont pas, pour la très vaste majorité, de projets ou de buts.

À ce stade-ci de votre développement, il importe que *vous* décidiez d'un plan d'ensemble qui sache mettre à profit vos talents et vos capacités. Vous devez *dès maintenant* prendre le temps de déterminer ce que vous voulez faire de votre vie et jusqu'où vous désirez aller. Autrement, comme un navire sans pilote, vous deviendrez inutile pour vous-même et pour les autres.

Chaque aspect de votre vie doit être planifié de façon à ce que vous puissiez mesurer vos progrès. Comment pouvez-vous évaluer votre réussite si vous n'avez pas de but ? Voyez quels sont vos talents et mettez-les à profit sans plus attendre. Lorsque vous commencerez à le faire, vous découvrirez le plaisir, la satisfaction et la valeur d'une planification détaillée de ce que vous voulez accomplir.

L'un des secrets fondamentaux qui permettent d'atteindre un objectif à long terme consiste à fractionner celui-ci en éléments de moindre envergure. Rien n'est vraiment difficile lorsqu'on le réduit à sa plus simple expression. Ainsi, au fur et à mesure qu'un élément, un objectif à court terme, devient une réalité, la satisfaction que l'on en tire nous encourage à aller de l'avant. Nombre de personnes ne saisissent pas ce principe, et refusent dès lors de se fixer de grands objectifs, ceux-ci leur semblant trop difficiles à réaliser. Songez qu'un simple verre d'eau peut générer en dense brouillard. Si vous subdivisez l'eau en soixante milliards de gouttes, elle peut couvrir sept pâtés de maisons sur une hauteur de cent pieds. Il en est de même de vos efforts. Si vous en faites chaque jour, ils finiront, en s'accumulant, par donner des résultats tout aussi impressionnants.

Dans le jeu des objectifs, la réussite à cent pour cent n'est pas une nécessité. Même si vous ne réalisez pas tout ce que vous entreprenez, vous aurez quand même progressé davantage qu'en ne faisant rien, comme c'est le cas de nombre de personnes. Il ne fait aucun doute que des objectifs, qu'on les atteigne ou pas, changent de façon constructive la vie des gens, du fait qu'ils canalisent positivement nos énergies mentales. Il vous suffit de savoir ce que vous voulez réaliser et ce que vous voulez être.

### Que désirez-vous ?

Vous pouvez tout obtenir de la vie si vous savez précisément ce que vous voulez. La plupart du temps, nos objectifs sont trop vagues. Ainsi, plusieurs d'entre eux n'émergent jamais du domaine du rêve. On me dit souvent : « Je ne sais pas vraiment ce que je veux. » C'est simplement là un autre prétexte pour échapper à la responsabilité d'assumer sa vie. Ne jamais prendre une décision, c'est ne jamais commettre d'erreur ! Les personnes qui tiennent de tels propos sont prisonnières de leur crainte du rejet ou de l'échec et de leur besoin d'approbation.

*Ne rien décider, c'est prendre une décision*, car le choix est inévitable. Ne pas choisir le succès équivaut à chosir l'échec. Et l'indécision mène inévitablement à la frustration. Nous savons que nous devrions faire quelque chose de créateur, mais nous optons plutôt pour l'indécision et les sentiments de doute et d'incapacité qui en découlent.

Le fait est que vous vous sentirez soudain très confiant et très fort en prenant simplement le temps de vous choisir un but valable et de planifier votre vie en conséquence de ce but. Après avoir choisi votre but, évaluez-le avant de le soumettre à votre subconscient. Posez-vous les questions suivantes :

1. Est-ce vraiment là ce que je désire ?
2. Ce but est-il conforme à mon système de valeurs ?
3. Est-il réaliste ?
4. Puis-je le visualiser de façon détaillée ?
5. Serai-je meilleur lorsque je l'aurai réalisé ?

6. Est-ce que je crois vraiment qu'avec l'aide de Dieu, je réussirai ?

Si vous avez répondu par l'affirmative à toutes ces questions, votre prochaine étape est celle de la planification. Pour ce faire :

1. Énoncez clairement votre objectif. Votre subconscient est sensible à la précision. Soyez donc précis et pratique.
2. Fixez l'heure et la date précises auxquelles vous entreprendrez votre programme.
3. Dressez un plan d'action.
4. Établissez un horaire qui vous permettra de revoir périodiquement vos projets, d'y apporter des changements et de les mettre à jour s'il y a lieu.
5. Énoncez brièvement votre objectif sur une petite fiche et consultez cette fiche plusieurs fois par jour. Si cela vous est possible, illustrez votre objectif sur la fiche.
6. Concentrez-vous sur un seul besoin ou défi à la fois.
7. Dotez-vous d'une affirmation ou d'une déclaration positive concernant votre objectif.
8. Visualisez toujours votre objectif avant de vous endormir.

**Prenez l'habitude d'écrire**

La plupart des gens ne se donnent pas la peine de noter précisément ce qu'ils veulent. À une certaine époque, dans le cadre de mon travail de conférencier, je distribuais des feuilles de travail aux gens afin qu'ils puissent y noter leurs objectifs. Pourtant, moins de cinq pour cent d'entre eux s'en servaient. La plupart étaient théoriquement d'accord avec l'idée, mais ils disaient que la question était trop complexe pour en noter tous les détails. Après tout, disaient-ils, ils savaient et se rappelaient très bien ce qu'ils voulaient faire. Cette attitude explique en grande partie pourquoi il n'y a que cinq pour cent des gens sur cette planète qui réussissent. Ces personnes travaillent de concert avec le système ; elles n'essaient pas de lutter contre lui.

Les gens diront aussi à propos de leur but : « Je peux me le rappeler. » Mais le peuvent-ils ? Le pouvez-vous ? Permettez-moi de vous donner un exemple. Qu'avez-vous retenu de ce que vous avez lu dans les deux premières pages du chapitre précédent ? Ne vous en faites pas ! Vous pouvez toujours aller voir. Après tout, c'est *écrit* noir sur blanc.

Lorsque vous mettrez votre projet par écrit, faites-le en lettres moulées ; évitez la machine à écrire. Et relisez-le chaque jour.

Mais à quoi tout cela sert-il ? Il y a un principe psychologique qui veut que la vue constitue approximativement quatre-vingt-sept pour cent de la perception sensorielle totale de l'individu. De plus, l'énergie cinétique du geste de l'écriture agit plus fortement sur votre subconscient que la simple pensée. Vous souvenez-vous du temps où vous étiez dissipé à l'école et où le professeur vous faisait copier cent fois la même chose ? Il savait que vous retiendriez ce que vous aviez copié. Ainsi en va-t-il du subconscient, qui s'empare des instructions écrites pour les incorporer aux informations de la structure automatique du cerveau et du système nerveux central, et en faire une réalité.

Le plan de travail suivant vous sera utile pour déterminer votre plan d'action créateur.

## Plan d'action

Mon objectif (décrivez-le brièvement) : ______________________

______________________________________________

Joignez un croquis, une image ou une description soignée.

Pourquoi est-ce que je désire cela ? ______________________

Quels avantages en retirerai-je ? ______________________

Sera-t-il utile aux autres ? ______________________

Cela est-il légal et moral ? ______________________

Avantages ______________________

Comment puis-je atteindre mon objectif ? ______________________

______________________________________________

Où puis-je obtenir des renseignements et des conseils éclairés ? ____

______________________________________________

Date prévue de la réalisation du projet ______________________

Je vais revoir et réviser le projet aux dates suivantes ____________

______________________________________________

Que dois-je faire d'abord ? Marquez d'un crochet le début et la fin de chacune des étapes.

1. ____________ Début ____ Fin ____
2. ____________ Début ____ Fin ____
3. ____________ Début ____ Fin ____

Je dois avoir l'attitude mentale positive qui suit au cours de cette période (formulez une déclaration positive quant à la façon dont vous croyez devoir agir en poursuivant votre objectif) :

______________________________________________

______________________________________________

______________________________________________

______________________________________________

______________________________________________

## Les six objectifs les plus importants de votre vie

Il vous faut aussi faire des projets concernant les six domaines les plus importants de votre vie, que l'on peut énumérer comme suit :

PROFESSIONNEL : Que souhaitez-vous réaliser dans le domaine professionnel ?
FINANCIER : En demeurant réaliste, combien d'argent désirez-vous posséder ?
PHYSIQUE : Quel programme de conditionnement physique désirez-vous mettre au point ?
MENTAL : Quels aspects de vos connaissances désirez-vous approfondir par le biais de l'étude ?
FAMILIAL : Quels rapports désirez-vous avoir et conserver avec votre famille ?
SPIRITUEL : Quel objectif spirituel poursuivez-vous ?

Ces objectifs peuvent être fractionnés en objectifs à court terme et à long terme. Dressez la liste de vos grands objectifs à long terme, et des buts à court terme que vous allez entreprendre de réaliser dès maintenant.

## Dotez-vous d'un plan quinquennal de croissance

Maintenant que vous avez complété votre plan d'action, prenez une feuille blanche et rédigez un plan quinquennal de croissance, que vous appellerez le *plan de ma destinée.*

À l'intérieur de ce plan, déterminez un projet qui comportera de nouveaux points de vue aux plans mental et spirituel, un nouvel environnement, un nouveau travail, de nouveaux amis, un revenu plus élevé et un meilleur niveau de vie. Faites en sorte qu'il s'agisse de la meilleure vie que vous puissiez possiblement imaginer pour vous.

Commencez à rechercher les occasions qui vous aideront à réaliser vos objectifs et consultez fréquemment votre plan pour vous assurer que vous êtes sur la bonne voie.

Révisez continuellement ce plan jusqu'à la fin de vos jours. Considérez-le comme une symphonie inachevée, à laquelle vous travaillez constamment et que vous comptez terminer. Vous en retirerez de grands avantages.

## Commencez là où vous êtes

L'une des plus grandes découvertes que vous puissiez faire à votre sujet est d'apprendre à vivre dans le présent, à vivre une journée à la fois. Seul le présent existe, et pourtant nous le gaspillons continuellement en vivant dans un passé que nous ne pouvons changer ou encore dans un avenir qui nous impatiente ou nous effraie. En vous fixant des buts, vous devez faire attention de ne pas tomber dans ce piège. Toute notion du passé doit être chassée de votre esprit. Et l'avenir, qui n'est pas encore une réalité, ne doit pas être mis à rançon ; on ne doit s'en servir que lorsqu'il devient présent.

Nombre des gens vivent dans le futur et négligent ce qu'ils devraient faire aujourd'hui. Et bien que la planification de son avenir soit vitale, y vivre n'entraîne que frustration, anxiété et échec, parce qu'en agissant ainsi, on fuit la réalité immédiate.

Pour vivre une vie équilibrée et créatrice, vous devez prendre l'habitude d'exécuter diligemment vos tâches quotidiennes et de vous en acquitter aussi efficacement que possible. Si vous apprenez à bien faire votre travail présent, quelque désagréable qu'il puisse être, vous aurez appris une précieuse leçon de croissance personnelle.

Même si les gens se convainquent souvent qu'ils peuvent faire du meilleur travail ailleurs, il y a un principe universel qui stipule que la vie ne vous offrira pas de meilleures occasions *tant que vous n'aurez pas prouvé que vos capacités excèdent les exigences de votre travail actuel.* Relisez ce passage ! En n'exécutant pas vos tâches du moment de façon efficace, vous retardez votre réussite et vous vous retrouvez même dans une situation où vous perdez du terrain. N'essayez pas de fuir le présent pour un avenir meilleur qui n'existe pas encore. *Votre tâche présente est la chose la plus importante que vous ayez à faire.*

### La qualité et non la quantité

Le Créateur a conçu un plan global de l'univers qui dépasse complètement notre entendement, mais il n'en demeure pas moins que chacun de nous est appelé à contribuer à la mise en oeuvre de ce plan. Mais pour ce faire, Dieu a besoin de notre coopération. Or, c'est en apprenant à vous saisir des occasions productives qui s'offrent à vous chaque jour et à les utiliser au meilleur de votre capacité, que vous contribuerez au processus de la création. À moins que vous ne coopériez, vous ne serez jamais capable d'exprimer vos possibilités illimitées parce que vous oeuvrerez dès lors à l'encontre du processus de création. Donc, l'important n'est pas tant la quantité que la qualité de ce que vous faites. En d'autres termes, c'est la qualité de votre rendement qui compte.

### Ayez une perspective juste de votre vie

La réalisation de vos objectifs, pour importante qu'elle soit, ne doit pas vous faire oublier leur véritable objet qui est de donner à votre vie un sens et une direction.

C'est pourquoi vous devez prendre garde que vos objectifs ne vous confinent au futur en vous empêchant de vivre dans le présent.

Ainsi, maintenant que vous avez choisi vos objectifs et avez mis au point un plan d'action, vous devez apprendre à vous détendre et à confier votre progression à votre nouvelle conscience, en faisant patiemment le nécessaire, commençant par le début, et cela *sans crainte ou inquiétude quant à ce qui arrivera plus tard.* Ainsi que le disent les personnes que la chose spirituelle intéresse : « Laissez Dieu s'en occuper. » En agissant ainsi, vous vous conformerez à la réalité et vous demeurerez ouvert à l'assistance intuitive intérieure qui saura vous indiquer la voie à suivre, étape par étape.

L'intuition est toujours disponible. Recherchez-la et utilisez-la. Si vous ne le faites pas, votre consicence risque de ne pas avoir la sagesse de vous indiquer une voie conforme au plan créateur, et vous continuerez à être désenchanté et déçu lorsque les choses iront mal.

Toutefois, avant même que vous n'agissiez en fonction du plan que vous avez conçu, vous devez d'abord méditer et demander au supra-conscient ce que vous devez faire. Présentez lui les idées que vous avez sélectionnées et demandez-lui de vous guider dans votre choix. Vous aurez bientôt le sentiment de ce que vous devez faire. Faites confiance à votre intuition, elle ne vous laissera jamais tomber. Puis agissez alors sans attendre, en vous rappelant toujours que vous devez laisser la porte ouverte au changement tout au long de votre cheminement. Mais c'est à vous qu'il revient de faire le premier pas. Vous ne serez pas guidé si vous n'indiquez pas que vous voulez être guidé.

Rappelez-vous ce passage de la Bible : « Acquiers d'abord la sagesse et la compréhension. » Il est donc préférable de ne rien demander. Ainsi, ne demandez pas une voiture neuve, de l'argent ou une nouvelle maison ; demandez plutôt la sagesse nécessaire à l'acquisition de tous ces biens. Que vous ambitionniez de devenir un artiste, un acteur ou encore un homme d'affaires, demandez la sagesse nécessaire à la réalisation de ces désirs. La sagesse est tout ce que Dieu doit vous donner. Vous devez vous en servir et faire le reste vous-même. Vous pouvez prier sans arrêt, mais Dieu, qui doit gouverner l'univers selon sa Loi, ne peut tout changer juste pour vous. Ce n'est que lorsque vous aurez acquis de la sagesse que vous pourrez composer avec la Loi et ainsi réaliser vos désirs.

Ne faites qu'un pas à la fois et gardez votre esprit ouvert au changement. Il se peut très bien que vous soyez guidé vers *quelque chose de mieux* que ce que vous aviez choisi au départ mais, dans un cas comme dans l'autre, vous serez rempli d'enthousiasme et du sentiment que vous vous réalisez enfin. Plutôt que de vous exposer à une situation qui ne vous vaudra que frustrations et malheurs, votre intuition vous guidera vers la place qui vous revient, là où vous pourrez être très heureux.

Comparez la vie à un voyage en train. Si vous voulez vous rendre quelque part, il vous suffit de monter dans le train et d'y demeurer jusqu'à ce que vous parveniez à destination. Le train peut parfois s'arrêter ou changer de voie, mais si vous demeurez à bord, vous parviendrez finalement là où vous désirez aller. Par contre, si vous passez votre temps à monter dans le train et à en descendre, peut-être ne vous rendrez-vous jamais.

Pour parvenir à votre destination, vous n'avez que quatre choses à faire :

1. Décidez de monter dans le train : *choisissez votre objectif.*
2. Choisissez le meilleur itinéraire possible pour vous rendre à destination : *le plan approprié.*
3. Payez votre ticket : *acceptez de payer le prix de ce que vous voulez.*
4. Montez dans le train : passez à l'action.

Votre train vous attend dès maintenant. C'est le temps d'y monter !

### Vous êtes là où vous désirez être

Que vous en acceptiez l'idée ou non, en ce moment vous êtes *exactement là où vous voulez être.* Peut-être êtes-vous malheureux ; peut-être avez-vous un emploi que vous détestez, une vie conjugale qui se détériore, une vie amoureuse qui s'étiole ou une vie familiale insatisfaisante. Votre avenir semble peut-être douteux mais c'est vous, et vous seul, qui avez choisi, consciemment ou inconsciemment, de vous mettre dans la situation précise où vous vous trouvez présentement. Et tout indique que *vous préférez être dans cette situation plutôt que de payer le prix du changement.*

Vous exprimez spontanément votre désaccord et vous dites peut-être : « Vous ne comprenez pas », « Ma situation est différente », « Je suis pris dans cette situation », « Je veux améliorer ma vie, mais je ne le peux pas parce que... » Et vous dites peut-être cela avec beaucoup de sincérité. Mais il n'en demeure pas moins que *vous avez permis à votre environnement actuel de limiter votre pensée.* En choisissant de laisser une personne, une circonstance ou une condition se charger de votre bonheur, vous avez confié votre vie à un élément extérieur à vous-même. En fait, vous vous êtes dit que votre situation était plus grande que le pouvoir que vous avez de la modifier. Votre subconscient s'est emparé de cette affirmation négative et vous offre conséquemment ce que vous lui avez demandé.

## Réagissez à la vie par l'action

« Ce qui occupe l'attention détermine l'action. »

*William James*

Une approche, faible, indécise et timide de la vie entraîne l'inertie, l'échec et la déception. Bien des gens n'agissent pas parce qu'ils craignent de commettre une erreur ou croient que ce dont ils rêvent ne peut se réaliser. Des inventions et des découvertes exceptionnelles passent inaperçues parce que leurs concepteurs abandonnent, désespérés, en disant : « Mon idée n'a aucune chance ! » Cette atittude est malheureuse parce que le monde a besoin de ce que chacun de nous peut lui apporter.

En 1880, un homme qui était au service de l'Office des brevets des États-Unis remit sa lettre de démission. « Tout ce que l'homme pouvait possiblement concevoir a été inventé, écrivait-il, et je ne vois aucun avenir dans mon travail. » Ne soyez pas comme cet homme ! L'avenir est rempli d'occasions illimitées pour ceux qui agissent et qui font de leurs pensées des réalités.

## La chance sourit aux audacieux

Rappelez-vous cette vérité psychologique : *La chance sourit aux audacieux*. Vous devez concevoir mentalement le monde dans lequel vous voulez vivre, les situations que vous voulez maîtriser et la grandeur que vous voulez atteindre. Les idées et les concepts qui sont susceptibles de libérer vos possibilités illimitées ne peuvent se réaliser que si vous agissez *maintenant*. Le rêve ne suffit pas. Profitez de cette leçon de l'Histoire : « Celui qui hésite est perdu. » Il ne fait aucun doute que vous pourriez trouver des douzaines d'exemples dans votre propre vie où vous avez hésité et perdu. Mais vous n'aurez plus jamais à perdre *si vous agissez avec audace.*

Si vous désirez être libre, votre pensée doit avoir le dessus sur vos limitations, et non pas le contraire. Examinez votre vie pendant un moment ! Que voyez-vous ? Voyez-vous des occasions, de l'amour, du bonheur, du succès et de la satisfaction ? Ou vous êtes-vous au contraire imposé des limitations ? Si tel est le cas, vous vous êtes constitué prisonnier et vous êtes prisonnier. Lorsque vous serez déterminé à vous libérer et vous vous direz que « vous en avez assez d'en avoir assez », vous serez suffisamment motivé pour prendre les mesures nécessaires à votre libération et trouver une façon de cesser d'en avoir assez. En fait, vous ne demeurerez là où vous êtes qu'aussi longtemps que vous le souhaiterez.

Ce qui est intéressant dans tout cela, c'est que vous n'avez pas à être un surhomme ou un être extraordinaire pour vous libérer de vos limitations. Il n'est pas de personnes exceptionnelles. Il n'y a que des gens ordinaires qui ont décidé de faire des choses exceptionnelles. Ce sont des gens qui sont motivés par un ardent désir de se libérer pour exprimer leurs possibilités illimitées. Chaque jour, ils affrontent leurs problèmes sans hésiter et ils les règlent un à un jusqu'à ce qu'ils réalisent leurs plus profonds désirs. Plutôt que de reprocher aux autres leur propre situation, ils prennent des mesures constructives pour modifier cette situation.

Appliquez cette attitude à votre vie. Votre liberté personnelle et vos plus grands désirs vous attendent, mais vous devez d'abord *vous affirmer* !

## Les amis de l'échec

L'échec est un élément nécessaire à la croissance, et pourtant il suscite l'une des plus grandes craintes que puisse nourrir une personne. Pendant l'enfance, il ne vous inquiétait pas. Vous patiniez, vous tombiez et vous aviez mal, mais vous vous releviez et vous vous remettiez à patiner. Aviez-vous un sentiment d'échec chaque fois que vous tombiez ? Bien sûr que non !

Tout ce que vous avez appris au cours de l'enfance fut le résultat de tentatives et d'erreurs. Parfois vous réussissiez, et parfois c'était le contraire. Devant un échec, vous refaisiez une nouvelle tentative, jusqu'à ce que vous réussissiez. Vous ne vous blâmiez pas, vous n'abandonniez pas en vous promettant de ne plus jamais essayer. L'échec était accepté comme faisant partie du processus de croissance.

Malheureusement, quelque part au cours de votre développement, l'idée vous est venue que l'échec avait quelque chose de négatif. Vous êtes devenu très préoccupé par ce que les autres allaient penser de vos échecs éventuels. Et c'est ainsi que naquit votre besoin d'approbation. Dès lors, même si vous ne faisiez rien de votre vie, votre seul désir fut de bien paraître aux yeux de votre famille, de vos amis et de la société.

Vous avez peut-être décidé que la meilleure façon d'éviter l'échec était de ne vous attaquer qu'aux tâches que vous étiez certain de réussir. Étant donné que la vie comporte très peu de certitudes absolues, vos activités allaient nécessairement être limitées. Cette attitude a sans doute pris naissance au cours de votre adolescence, alors que vous recherchiez l'acceptation de vos camarades. Vous auriez préféré mourir plutôt que de paraître incapable ou ridicule.

C'est alors que vous avez passé beaucoup de temps à vous comparer aux autres. Il y avait toujours quelqu'un qui avait quelque chose de plus que vous. Par conséquent, pour ne pas vous exposer aux défis et à la possibilité de l'échec, vous avez commencé à vous tenir à l'écart. L'échec devait être évité à tout prix ; l'approbation était votre plus puissante motivation.

Cette habitude s'enracinant de plus en plus dans votre subconscient, vos limitations ont fait de vous un prisonnier. Pour fonctionner, vous vous êtes doté d'une zone de sécurité vous permettant d'éviter les désagréments et vous vous êtes établi une routine que vous pouviez tolérer. Malheureusement, votre zone de sécurité vous a interdit l'accès à toutes les possibilités illimitées de l'extérieur.

Si vous souhaitez détruire cette zone de sécurité que vous vous êtes créée, vous devez vous lier d'amitié avec l'échec. Lorsque vous déciderez d'abandonner votre besoin d'approbabion, le nombre d'erreurs que vous commettrez n'aura aucune importance ; votre seul but sera de réaliser votre objectif ultime. Thomas Edison s'est livré à 10 000 expériences avant d'inventer l'ampoule électrique. Nullement découragé, il n'a pas qualifié ces expériences d'échecs car il avait réussi à identifier 9 999 choses à éviter concernant son invention !

La persistance est la base la plus solide que vous puissiez donner à votre objectif. C'est la qualité dynamique qui distingue ceux qui réussissent des autres, et qui souvent remplace l'intelligence, le savoir, l'éducation et même l'expérience. Celui qui est persistant refuse de se laisser détourner de son but. À ce sujet, un auteur anonyme écrivait :

> Rien au monde ne peut remplacer la persistance. Le talent ne le peut pas. Rien n'est plus répandu que les gens talentueux qui ne réussissent pas. Le génie ne le peut pas. Les génies méconnus sont presque proverbiaux. L'éducation ne le peut pas non plus. Le monde est rempli de ratés instruits. Seules la persistance et la détermination priment.

## La loi des attentes

À d'innombrables reprises, des études psychologiques ont démontré que la raison fondamentale de la réussite d'un individu est qu'il s'attend à réussir. Les athlètes qui gagnent s'attendent à gagner. Prenez l'exemple de Mohamad Ali. Avec sa verve coutumière, il prédisait simplement sa victoire en disant : « Lorsque je gagnerai le combat... » Il ne disait pas : « Si je gagne le combat... » Voilà une totale confiance en soi !

Aristote disait : « Vous obtiendrez ce à quoi vous vous attendez. » Les attentes régissent votre vie, et il est donc impératif que vous régissiez vos attentes. Si vous vous attendez au mieux, vous l'obtiendrez. Mais si vous vous attendez au pire, soyez certain que c'est là ce qui se produira. En abandonnant votre vie à la domination des pensées négatives, vous prenez l'habitude de vous attendre à des résultats négatifs. Des études démontrent que quatre-vingt-dix-neuf pour cent des gens ont des attentes négatives.

Vous aurez peut-être de la difficulté à accepter cela, mais vous vieillissez parce que vous vous attendez à vieillir. Vous avez été programmé pour commencer à vieillir à partir d'un certain âge. Lorsque vous atteignez cet âge, vous adoptez sans résistance la personnalité, la tenue vestimentaire et les symptômes du vieillissement. Les éléphants ont un instinct qui leur permet de prédire leur mort. Lorsqu'ils sentent que le moment est venu, ils entreprennent le voyage vers le cimetière des éléphants. La majorité des gens que je connais font à peu près la même chose !

On acquiert une totale confiance en soi en nourrissant des *attentes positives.* Vous pouvez avoir des attentes positives si vous savez que vous avez en vous le pouvoir de surmonter tout obstacle qui se dresse sur votre route. Il y a tant de gens qui sont attirés par le passé. Ils conservent des objets, des articles, des vieilles lettres et autres choses du genre et ils se fabriquent des albums. Si vous voulez réussir, votre esprit doit être dirigé vers l'avenir et tout cela doit être remplacé par des images de ce que vous désirez accomplir, par vos *attentes* des grands événements qui sont à venir.

Lorsque vous ressentez le besoin de vous rappeler des souvenirs, essayez de vous remémorer les attentes les plus agréables de votre enfance ou de votre jeunesse qui se sont réalisées. Méditez sur ces attentes. Voyez où elles vous ont amené et projetez de faire de mieux en mieux.

Tournez-vous avec espoir vers l'avenir et faites preuve d'enthousiasme. L'enthousiasme est une puissante force de motivation ; il constitue un secret peu connu de la réussite. Dérivé de deux termes grecs, *en* qui signifie « dans » et *theos* qui signifie « Dieu », *enthousiasme signi-*

*fie Dieu en vous.* Et c'est ce pouvoir de Dieu en vous qui vous permettra d'accomplir tout ce que vous désirez si vous le mettez en oeuvre par le biais de la pensée dynamique.

La différence qui existe en termes de compétence, d'habiletés et d'intelligence entre ceux qui réussissent et ceux qui échouent est vraiment ténue. De deux personnes de force égale, la plus enthousiaste verra la balance pencher en sa faveur. Même une personne enthousiaste avec une capacité moyenne l'emportera souvent sur une personne de grand talent mais dénuée d'enthousiasme.

Mark Twain, qui se voyait demander le secret de sa réussite, répondit : « Je suis né enthousiaste. » Thomas Edison disait : « Lorsqu'un homme meurt, s'il peut laisser son enthousiasme à ses enfants, il leur laisse un héritage d'une valeur incalculable. » Et Emerson, dans ses essais, observait : « Tous les grands moments dans les annales du monde représentent le triomphe de l'enthousiasme de quelqu'un. » L'expérience de vie de ces hommes illustre bien leur philosophie commune.

Lorsque vous vous attendez à quelque chose de positif, la loi des attentes attire à vous comme un aimant ce que vous désirez. Si vous ouvrez votre esprit à de meilleures conditions, sachez que vous les obtiendrez à coup sûr. Car vos attentes d'aujourd'hui sont votre vie de demain.

### Le principe du secret

Ne dites jamais aux autres ce que vous comptez accomplir. Cette attitude équivaut à rechercher leur approbation. En révélant vos objectifs, vous dissiperez d'une part l'énergie nécessaire à leur réalisation, et d'autre part vous susciterez l'opposition de ceux qui souhaitent vous dominer. Ils essayeront de vous dissuader de faire ce que vous croyez devoir faire, souvent pour justifier leur propre inertie.

La plupart des gens s'estiment peu et ont une piètre image d'eux-mêmes. Ils n'aiment pas voir quelqu'un qui possède plus ou qui réussit mieux qu'eux, et ils risquent de tout faire pour rabaisser celui qui tente de se sortir de la médiocrité. Ne leur en donnez pas l'occasion ! Plusieurs individus potentiellement exceptionnels ont échoué avant même de commencer parce qu'ils se sont laissés convaincre, surtout par des membres de leur famille, d'abandonner leurs projets.

Le Maître a dit à d'innombrables reprises : « Ne le dis à personne ! » Il a appris à ses disciples à se tourner vers eux-mêmes, à fermer la porte aux opinions et aux apparences extérieures et à parler au Père. Il faisait allusion au lieu secret qui se trouve dans notre conscient, au coeur même de notre personnalité. À moins que vous ne partagiez un objectif avec quelqu'un d'autre, il est préférable de le garder pour vous.

## Dixième secret

# Vous méritez du repos dès aujourd'hui

Le meilleur repos que vous puissiez prendre consiste en une période de méditation, cette combinaison unique de paix et de pouvoir. Les personnes qui se préoccupent du progrès de l'humanité en sont venues à la conclusion, à divers moments et dans divers lieux, que si nous voulons tirer le maximum de nos possibilités mentales, physiques et spirituelles, il est essentiel de faire appel à un repos complet, à la relaxation et à la communication intérieure. Sans cela, nous ne pouvons fonctionner que partiellement.

Diverses techniques ont été mises au point pour nous aider à réaliser notre potentiel. La plus répandue est la *méditation*. Ses formes vont du yoga, avec ses diverses ramifications, aux cours commerciaux de contrôle de l'esprit, de biofeedback et de méditation transcendentale. Tous ont beaucoup en commun.

Il convient d'insister dès le départ sur le fait que la méditation n'a pas été inventée par un groupe ou un individu spécifique. Elle n'est pas nécessairement reliée à un groupe ou à une communauté religieuse. Aucune initiation n'est nécessaire, aucune cérémonie n'est requise et, contrairement à ce que certains ont tenté de vous faire croire, aucun enseignement n'est nécessaire pour apprendre à méditer. Il peut être utile de bénéficier de conseils en ce sens, mais ce n'est pas essentiel.

Tout le mystère et les simagrées qui entourent la méditation ont empêché bien des gens d'explorer la possibilité de l'intégrer à leur vie. La vérité est tout simplement que l'art de la méditation peut être appris presque sans difficultés par n'importe qui. Car la capacité de méditer est inhérente à chacun de nous. Si nous en saisissons les principes de base, nous pouvons méditer.

De nombreux adeptes font face à des difficultés dès le départ parce qu'ils se laissent endoctriner et croient qu'une méthode spécifique de méditation est la seule qui soit valable. Cela est tout simplement faux. Les recherches, menées au sein de plusieurs universités, n'ont jamais établi qu'un sytème était supérieur à un autre. Chacun a pour objet de favoriser un état de relaxation et de communication intérieure, et si l'on s'y adonne sincèrement et consciencieusement, les résultats sont exactement les mêmes pour tous les systèmes. Méfiez-vous de tout système qui prétend être le meilleur. Il n'y en a pas de meilleur. Tous sont efficaces si vous êtes sérieux.

La prétention selon laquelle la méditation doit être enseignée sur une base individuelle est sans fondement. Je suis au regret de dire qu'une telle formation individuelle ne sert qu'à justifier les tarifs exorbitants que l'on demande. J'insiste sur ce point parce qu'il y a beaucoup de gens qui ont dépensé d'importantes sommes d'argent pour s'apercevoir par la suite que cette dépense n'était pas nécessaire. J'ai personnellement enseigné la méditation à des milliers d'étudiants lors de sessions de groupes, et j'ai obtenu exactement les mêmes résultats que lorsque je l'ai enseignée à des individus seuls.

Le fait de suivre un de ces cours commerciaux de méditation est un peu comme lorsque l'on utilise une de ces nouvelles caméras entièrement automatiques. Les caméras sont réglées pour des conditions moyennes. Mais les conditions moyennes n'existent pas vraiment, pas plus que les individus moyens. Vous ne verrez jamais un bon photographe se servir d'un tel appareil photo. Il effectue ses propres réglages et tient compte des conditions du moment.

Il n'y a rien qui convienne à tout le monde et en tout temps. Plus vous méditez, plus votre technique devient personnelle. Et, comme le bon photographe, vous êtes emballé par les « réglages » que vous avez choisis et les résultats que vous avez obtenus.

## Le but de la méditation

La méditation rétablit le contact avec la source du pouvoir qui est en nous. Elle libère l'esprit et nous rend plus accueillants et plus réceptifs à l'intuition, à l'inspiration et aux idées créatrices. Elle nous révèle nos erreurs et nous ramène dans la bonne voie. Nous ne formons qu'un avec tout et avec chacun parce qu'en méditant, nous nous mettons en harmonie avec l'esprit de l'univers. Elle nous aide à réaliser toutes nos possibilités grâce à un profond repos du système nerveux, repos qui est plus profond que le sommeil ordinaire, mais au cours duquel nous demeurons alertes. Pendant cette période, le stress disparaît et l'on est tout à fait détendu et calme. Tout comme un athlète court pour entraîner son corps, nous préparons et entraînons l'esprit à fonctionner au meilleur de ses possibilités par la méditation. C'est l'une des raisons fondamentales pour lesquelles la méditation accroît l'efficacité dans la vie de tous les jours.

### Les sensations que procure la méditation

La méditation est une sorte de récupération mentale, physique et spirituelle alors que l'on se sent totalement paisible et calme intérieurement. Chacun de nous a, un jour ou l'autre, vécu cette expérience, sans en connaître vraiment la véritable nature. Après une période de méditation, les sensations s'intensifient : vous aimez plus, vous en faites plus et vous ressentez plus. En poursuivant la pratique, vous êtes en mesure de faire face à des problèmes et à des situations difficiles avec une assurance et un calme nouveaux, et vous êtes prêt à assumer votre vie dans sa totalité.

### Certains effets secondaires de la méditation

La méditation a beaucoup d'effets secondaires, mais ils ne sont que positifs. Ceux-ci sont naturels et ils adoptent tout un éventail de formes lorsque l'adepte médite de façon appropriée. Voici certains des résultats bénéfiques que vous pouvez obtenir en tant qu'adepte de la méditation positive.

1. La plupart des autorités médicales s'entendent aujourd'hui pour dire que l'un des facteurs dominants de toute guérison est le désir du patient de guérir, et sa conviction qu'il peut guérir. On assiste alors à un processus où l'on voit le patient se guérir lui-même avec l'aide d'un médecin compétent. On encourage donc la méditation positive. On a enregistré de nombreux cas où les pouvoirs de guérison

de l'organisme s'accéléraient au point où des tumeurs, qui avaient jusque là résisté au traitement, disparaissaient en peu de temps. Et, aussi étonnant que cela puisse sembler, on a rapporté la guérison de cas de cancer lors de l'utilisation de la méditation positive en dernier recours.

2. La consommation d'oxygène décroît d'environ vingt pour cent. Cette diminution équivaut, en dix ou quinze minutes de méditation, à huit bonnes heures de sommeil.

3. Les particules d'acide lactique du sang diminuent de cinquante pour cent. Cela est d'une importance vitale, car ce sont les acides lactiques du sang qui provoquent la crainte, l'inquiétude et l'anxiété chez une personne.

4. L'organisme accroît sa résistance à l'invasion des germes, aux rhumes, aux virus et autres désordes de la tête, de la gorge et des poumons.

5. On a observé que l'on pouvait guérir l'habitude de la drogue, y compris celle de l'héroïne, en une période de trois semaines avec l'assistance de la méditation positive.

6. Le rythme cardiaque diminue de façon marquée. Cela indique une réduction de la charge de travail du coeur.

7. En comparaison du sommeil ou de la somnolence, la méditation prodigue un profond repos tout en conservant les idées claires et distinctes. On a simultanément une sensation de profond repos et de conscience accrue.

8. L'intelligence et les capacités d'apprentissage s'accroissent parce que la méditation synchronise les ondes électriques des deux hémisphères du cerveau.
9. La méditation procure un repos psychologique supérieur et contribue à apaiser le rythme cardiaque de façon générale.
10. Elle entraîne une diminution permanente et bénéfique du rythme cardiaque de façon à réduire l'usure du coeur et elle améliore en permanence l'efficacité cardiovasculaire.
11. Elle stabilise le système nerveux qui peut ainsi mieux résister au stress, aux affections psychosomatiques et à l'instabilité du comportement.
12. Les adeptes de la méditation se remettent plus rapidement du stress et réagissent mieux aux stimulus stressants.
13. La méditation accélère les réflexes, ce qui indique que l'adepte est plus alerte.
14. Le rendement, dans certaines situations, est plus rapide et plus précis, parce qu'il y a une meilleure coordination entre l'esprit et le corps.
15. On a observé un accroissement de l'intelligence des étudiants du secteur collégial. Ceux-ci ont enregistré un meilleur rendement lors des tests, une plus grande facilité d'apprentissage et de meilleures notes.
16. Les gens font état d'une plus grande satisfaction au travail et d'un meilleur rendement, sans parler de meilleurs rapports avec leurs camarades de travail.
17. L'estime de soi s'améliore de façon marquée en peu de temps.

18. Le niveau de dépression est réduit de façon significative.
19. La majorité des gens qui souffrent d'asthme enregistrent une amélioration.
20. On note une réduction significative de la consommation d'alcool, de cigarettes et de drogues.
21. Les allergies diminuent.
22. Les étudiants affichent un intérêt croissant en ce qui concerne la tendance à normaliser leur poids.
23. Les adeptes de la méditation ont plus de facilité à résoudre les problèmes et ont une mémoire mieux organisée.
24. Ils améliorent leurs performances et leurs capacités physiques.

Permettez-nous de répéter encore une fois qu'il s'agit *d'effets secondaires.* Certaines organisations s'en servent comme arguments de vente pour convaincre le public de s'inscrire à leurs cours. Mais même s'ils constituent un élément de motivation pour bien des gens, ces effets ne représentent pas le but premier de la méditation. L'objectif réel est de vous rapprocher de votre source intérieure de pouvoir. Si vous en faites votre but majeur, vous bénéficierez automatiquement des effets secondaires. Si, au contraire, votre but est de vous prévaloir de l'un ou l'autre de ces effets secondaires, vous raterez le sens réel de l'expérience et vous serez grandement déçu.

## Quand méditer

Commencez par prévoir une période de méditation au début de chaque journée, de préférence avant le déjeuner. Cela vous mettra en contact avec la force de vie et vous programmera pour la journée. Réservez-vous une période semblable pour la fin de la journée, de préférence quatre heures au moins avant de vous coucher parce que vous serez automatiquement revivifié. La concentration sur vos objectifs risque de vous empêcher de dormir si vous méditez à la toute fin de votre journée. Cependant, certaines personnes aiment bien se réserver une période de paix et de tranquillité juste avant de s'endormir. Votre méditation de fin de journée vous aidera à vous débarrasser des sentiments négatifs accumulés au cours de la journée.

Un tel horaire doit être régulièrement respecté pour de meilleurs résultats. Il est préférable de méditer une fois par jour plutôt que deux fois tous les deux ou trois jours. Vous recherchez l'effet cumulatif de la méditation. La régularité est un important facteur si vous souhaitez obtenir les meilleurs résultats possibles.

On n'arrête jamais vraiment de méditer. Il s'agit d'un processus continu. Il est aussi nécessaire à la vie que la respiration, et ceux qui ne s'adonnent pas intelligemment et efficacement à la méditation ont du mal à vivre. Le jour où vous vous mettrez à méditer de façon appropriée, vous ne serez plus jamais le même. Le but est d'en faire un élément permanent de votre vie.

Il est démontré que la plupart des écoles de méditation accusent un pourcentage d'échecs élevé parmi leurs clients. La plupart des gens qui suivent un tel cours, généralement au coût de centaines de dollars, deviennent pendant un certain temps de fervents adeptes de la méditation. Toutefois, après quelques semaines ou quelques mois, ils pratiquent de moins en moins la méditation et finissent par l'abandonner complètement. Donc, si vous décidez de faire de la méditation un élément de votre vie, je vous recommande de décider dès le départ de vous y adonner chaque jour, quoi qu'il arrive. Ne dites jamais que vous n'avez pas le temps. Vous devez trouver le temps. Si vous méditez de façon irrégulière, les résultats seront peu convaincants.

**Pendant combien de temps doit-on méditer ?**

La méditation doit durer quinze à vingt minutes. Bien qu'il n'y ait aucune loi en ce sens, on a découvert qu'il s'agissait de la durée la plus souhaitable. Pendant la méditation, vous commencerez à vous sentir mieux que vous ne vous êtes jamais senti, et vous serez tenté de méditer plus longtemps que nécessaire. Mais, là comme ailleurs, vous devez vous servir de votre bon sens. Une période de méditation trop longue n'apporte rien de plus. Votre objectif est d'entrer en contact avec votre source et d'être éclairé et guidé, et non pas de voir à quel « nirvana » vous pouvez accéder.

**Où doit-on méditer ?**

Je présume que vous ferez la majeure partie de votre méditation à la maison. Trouvez un endroit où vous pouvez être seul, de préférence une pièce où vous pourrez éliminer tout éclairage vif. Il est essentiel de trouver un lieu tranquille où vous pourrez vous isoler des bruits du monde. Le bruit nuit à la mémoire et vous empêche de vous concentrer et de communiquer avec votre esprit supérieur.

Il est recommandé de toujours méditer au même endroit. Après un certain temps, vous développerez des vibrations positives qui favoriseront la relaxation. Vous associerez automatiquement ce lieu à une sensation de tranquillité et de paix.

La colonne vertébrale doit être droite de manière à ce que le système nerveux ait toute sa liberté d'action. Une chaise confortable au dossier droit est souhaitable. Elle vous aidera à conserver une bonne posture et à distribuer également votre poids. Essayez diverses chaises jusqu'à ce que vous soyez très confortable et que vous puissiez oublier votre corps.

Ne vous étendez pas, car vous risqueriez d'associer méditation et sommeil. Vous finiriez par somnoler et vous vous priveriez de tous les avantages de la méditation.

### Avant de commencer

Au début, la chose la plus importante à retenir est celle-ci : *ne combattez pas vos pensées*. Bien des gens disent : « J'ai du mal à méditer parce que je ne puis m'empêcher de penser. » Leur problème est la résistance. Plus vous résistez à vous pensées, plus elles ont tendance à s'imposer. Si vous cessez de résister et que vous les laissez se manifester sans leur accorder votre *attention dominante*, elles cesseront de s'imposer.

La première chose à faire est donc de ralentir votre esprit, votre corps et vos sens. Vous essayez de créer une sorte de vide destiné à recevoir les pensées et les vibrations créatrices. Si vous vous mettez à penser que vous devez faire le ménage ou les emplettes, cessez immédiatement et forcez votre esprit à reprendre sa médidation.

Méditer équivaut à changer la direction d'une roue. Nous devons d'abord ralentir la roue, puis l'arrêter complètement pour la faire ensuite tourner dans la direction opposée. Votre subconscient vous aidera à réaliser ce processus. Lorsqu'il saura ce que vous essayez de faire, il établira une habitude qui vous permettra d'atteindre cet état de conscience. Programmez constamment la nouvelle habitude dans votre subconscient et cela se produira automatiquement sans effort de votre part.

Pour générer ce sentiment de paix, peut-être voudrez-vous lire quelque chose d'édifiant avant de méditer. Dans ce cas, lisez pendant quelques minutes, jusqu'à ce que vous vous sentiez calme. Fermez alors votre livre et efforcez-vous de conserver la sensation, et non la pensée.

Cette expérience rappelle la mise en marche d'un canot-moteur. Si vous l'avez déjà essayé, vous savez que la première fois que vous tirez sur la corde, le moteur ne démarre pas. Vous essayez à nouveau et, tout à coup, vous réussissez. Il en est de même de la méditation. Lorsque vous aurez éprouvé cette sensation à quelques reprises, vous n'aurez sans doute plus besoin de lire avant de méditer. Cela ne veut pas dire que vous ne deviez pas lire si vous en avez envie. Tout ce qui peut vous aider à vous détendre est bénéfique.

La méditation comporte trois étapes. La première consiste *à vous détendre et à vous laisser aller.* La seconde, *à vous ouvrir et à écouter.* Et la troisième, *à visualiser et à soutenir.* La méthode suivante résume, sous une forme simplifiée, les découvertes et les techniques les plus récentes de la psychologie, de la religion, de la philosophie d'Extrême Orient et de la médecine.

## Première étape

*Détendez-vous et laissez-vous aller*

Lorsque vos muscles sont tendus, ils absorbent l'énergie physique et mentale. Pour vous débarrasser de cette énergie électrique distrayante, étirez votre corps et détendez vos muscles. Ensuite, assoyez-vous bien droit sur votre chaise et fermez les yeux.

Inspirez profondément et expirez, lentement et avec aisance. Prenez conscience de votre détente. Il est normal de vous détendre lorsque vous expirez. Et maintenant, exercez ou tendez vos muscles, puis détendez-les. Commencez par les bras, les mains et les épaules. Passez ensuite aux muscles du dos et de la région abdominale. Finalement, occupez-vous des muscles des cuisses, des jambes et des pieds. Inspirez à nouveau profondément et détendez-vous.

À cette étape, certaines organisations fournissent à leurs étudiants un « mantra », qui est une expression dénuée de sens dont l'objectif est d'empêcher l'esprit de s'égarer. Le mantra est censé être spécifiquement conçu par rapport à l'état de conscience actuel de l'étudiant. Mais chaque fois que nous méditons, notre état de conscience est différent, alors un mantra unique n'a vraiment aucune valeur. Quiconque vous dit que vous *devez* utiliser un certain mantra, et ce, après quelques minutes de conversation, vous raconte des histoires. Un mantra ne donnera de bons résultats que parce que vous y croyez.

La meilleure expression que j'aie trouvée est : laissez-vous aller. Dites-vous simplement de *laisser aller*. Inspirez à nouveau et répétez ces mots jusqu'à ce que vos préoccupations, vos anxiétés et vos pensées négatives s'estompent. Continuez à les répéter jusqu'à ce que vous soyez calme et paisible, et que votre esprit soit vide de toute pensée consciente. C'est à ce moment que vous serez ouvert et réceptif.

### Deuxième étape

*Ouvrez-vous et écoutez*

Il s'agit d'une fonction qui favorise l'expansion de l'esprit. Tout grand penseur, philosophe, théologien, mystique ou scientifique s'est opposé à ses collègues à bien des égards, mais tous s'entendent pour dire que l'univers possède un esprit unique. Cet esprit unique, l'esprit supra-conscient, est à l'origine de toute pensée.

Votre orientation directe et votre intuition vous viennent du supra-conscient par le biais du subconscient. Rappelez-vous que le subconscient est ouvert dans les deux sens. À une extrémité, il y a l'influx d'idées créatrices du supra-conscient, et à l'autre les instructions de votre conscient. Votre raisonnement ou votre conscient vous trompe en dénaturant votre perception de la réalité, ce qui fausse votre conscience et les gestes que vous posez subséquemment. Pour entrer en contact avec l'esprit unique, la force unique, la vie unique qui s'exprime à travers vous, vous devez écarter votre conscient. C'est comme si vous possédiez et dirigiez une grande centrale électrique dans laquelle une immense turbine pouvait être actionnée au contact d'un commutateur. Si vous permettez à cet esprit unique de dominer votre conscience, votre vie sera une expérience fantastique.

Il n'est pas nécessaire de tenter de comprendre le supra-conscient et son fonctionnement. Il vous suffit de savoir qu'il existe et qu'il peut vous guider, vous permettant de surmonter n'importe quel problème ou obstacle de la vie. Méditez pendant quelques minutes sur le fait que vous possédez en vous la force même qui anime le soleil, les nuages, les planètes et la mer. Sachez que vous êtes une expression de ce pouvoir. Sachez qu'il est parfait. Laissez-y flotter votre esprit. Laissez-lui la chance d'entrer dans votre conscience et de l'éclairer. *Sachez que vous formez un tout avec ce pouvoir parfait et illimité.*

Si vous avez un besoin ou un problème que vous cherchez à résoudre, énoncez-le brièvement. Notez que nous avons dit *brièvement*. Vous êtes en rapport avec une intelligence omnisciente, alors vous n'avez pas vraiment besoin de lui dire quoi que ce soit. L'énoncé vous concerne. Ensuite, *libérez* la pensée. Laissez votre esprit agir comme un radar et choisir son influence directionnelle. Soyez ouvert et réceptif à toute intuition ou orientation que vous pourriez recevoir.

Apprenez à être à l'écoute comme si vous vous attendiez à entendre quelque chose. Comme je l'ai dit plus tôt, il est parfois difficile de méditer lorsque vous pensez à un besoin ou à un problème. Mais dans la méditation efficace, vous mettez les détails de côté jusqu'à ce que vous soyez prêt, puis vous les libérez et vous écoutez. La méditation est une période où vous pouvez faire taire vos pensées distrayantes et libérer votre esprit de ses distractions routinières.

Avec la pratique, vous prendrez soudain conscience d'être à l'écoute. L'intuition générera l'orientation. Lorsque vous ressentirez un besoin insurmontable, vous aurez tout à coup envie d'agir, de faire quelque chose, de contacter quelqu'un ou d'aller quelque part. C'est votre signal. C'est la direction que vous devez prendre. *Soyez confiant. Agissez selon cette impulsion.* Elle ne peut être erronée parce que votre subconscient est relié à la source de l'intelligence omnisciente.

Évitez de rejeter certaines choses simplement parce que vous ne les aimez pas ou parce qu'elles ne sont pas comme vous voudriez qu'elles soient. Prenez garde que votre conscient ou votre raisonnement ne travaillent contre vous. Suivez aveuglément votre orientation. S'il vous est suggéré d'aller quelque part ou de faire quelque chose, allez-y ou faites-le. Laissez votre subconscient vous diriger entièrement. Ainsi, vous rencontrerez des gens qui vous aideront. J'en ai eu la preuve des centaines de fois.

Par exemple, faites l'expérience suivante. En entrant dans une pièce, demandez à votre subconscient à côté de qui vous devez vous asseoir. Vous serez poussé à approcher une certaine personne, et cette personne s'avérera utile. Elle pourra vous aider ou vous pourrez l'aider.

Parfois, pendant la méditation, vous déciderez peut-être de rembourser une dette plutôt que de vous procurer quelque chose que vous désirez. Après avoir remboursé la dette, vous pourrez encore vous offrir ce que vous voulez parce que votre subconscient vous aidera à l'acquérir. Écoutez simplement et acceptez de faire exactement ce que vous dicte votre intuition. Si elle vous dit de laisser quelque chose de côté, faites-le. Si elle vous dit de changer quelque chose, changez-le sans attendre. Vous ne pouvez transformer votre vie en faisant uniquement ce que vous aimez et en négligeant le reste.

Une jeune fille qui assistait à mes conférences à Chicago souhaitait beaucoup visiter Hawaii, mais elle n'avait ni l'argent ni les moyens de s'y rendre. Elle médita à ce sujet et eut l'inspiration de se rendre à une agence de voyages pour se procurer des brochures. Elle le fit et commença même à acheter des choses en prévision de son voyage. Quelque temps plus tard, elle reçut un appel d'un ami qui désirait passer des vacances à Hawaii mais qui n'avait personne pour l'accompagner. Il offrait de payer le voyage si elle acceptait de l'accompagner. Grâce à ce qu'elle avait fait et parce qu'elle avait accepté les directives de son subconscient, elle était convaincue qu'elle ferait le voyage. La plupart des gens auraient laissé tomber un tel projet, mais elle fit confiance à son subconscient.

### Troisième étape

*Visualisez et soutenez*

Prenez quelques minutes pour visualiser et soutenir ce que vous voulez être, faire ou obtenir. Des paroles répétées sans cesse et avec conviction et autorité dans cet état de conscience, surtout si elles sont accompagnées de visualisation, se réaliseront infailliblement.

Imaginez-vous un écran mental. Vous pouvez transformer votre vie en vous voyant réaliser vos rêves, en changeant les images de votre esprit. Le secret est de vous imaginer comme ayant déjà obtenu ce que vous voulez. Si vous désirez la santé, imaginez-vous en parfaite santé. Si vous désirez de l'argent, imaginez-vous gérant une grande fortune, en train de dépenser votre argent et d'en profiter. Imaginez que vous avez un gros compte en banque. Si vous désirez que votre entreprise prospère, visualisez une augmentation de la clientèle. Quelle que soit la situation, visualisez-vous souriant et heureux.

Visualisez vos désirs aussi clairement que possible. Voyez-les et sentez-les. Lorsqu'on les visualise, ils sont déjà réalisés, car telle est la loi de l'esprit. Rappelez-vous ces paroles du professeur James : « La plus grande découverte de notre temps est que l'homme, en changeant les aspects profonds de sa pensée, peut transformer les aspects extérieurs de sa vie. »

Renforcez ces images par des affirmations ou des déclarations positives qui sont liées à ce que vous désirez accomplir. Vous pouvez puiser dans la liste fournie dans le dernier chapitre de ce livre, ou inventer les vôtres. Répétez-les silencieusement pendant le processus de visualisation. N'oubliez jamais que les mots ont un pouvoir créateur.

Finalement, soyez reconnaissant qu'il en soit ainsi. Cela vous fera prendre conscience du fait que vos désirs sont en voie de se réaliser et suscitera un sentiment d'attente. Cela est absolument essentiel à la réalisation de vos désirs. Ouvrez les yeux et étirez-vous, et réjouissez-vous : vous êtes assuré de réaliser vos projets et vos désirs.

Plus vous méditerez, plus vous aimerez méditer. Moins vous méditerez, plus vous considérerez la méditation comme une corvée. Plus vous méditerez, plus vous en bénéficierez. Depuis le début des temps, tous les individus prospères ont découvert cette simple vérité.

# Onzième secret

# Le temps et vous

Nous, les gens affairés ou les gens moins affairés, ne cessons de nous poser la question suivante : « Mais où le temps a-t-il bien pu filer ? » Le temps, bien sûr, ne s'enfuit pas, comme le porte à coire la question précédente, mais s'écoule à son rythme normal, alors que nous réalisons douloureusement que nous en faisons moins que nous ne le devrions. « Le temps, c'est de l'argent et on doit le dépenser sagement », affirme-t-on encore. Mais, bien que de telles paroles nous aient été répétées notre vie durant, avons-nous la possibilité de ne pas le dépenser ? Bien sûr que non ! Contrairement aux chronométreurs des événements sportifs, nous n'avons pas la possibilité d'arrêter l'horloge du temps et de faire des reprises. Et lorsque nous affirmons : « Je n'ai pas le temps », c'est que souvent nous estimons que la chose ou la tâche à accomplir n'est pas suffisamment importante pour que nous prenions le temps de la réaliser.

Admettons-le. Personne n'a plus de temps que n'en ont les autres. Nous disposons tous, pour une journée donnée, de la même somme de temps. Et pourtant, nous répétons toujours les mêmes excuses.

Nous, qui nous efforçons de vivre une vie mieux remplie et plus satisfaisante, entendons beaucoup parler de richesses et de biens matériels, mais beaucoup moins du talent et pas du tout du temps. Pourtant, ces éléments et tous les « dons » de la vie comportent certaines responsabilités inhérentes.

Il ne fait aucun doute que le temps passe vite. Chaque moment qui passe est du temps en moins dans notre vie. Notre existence tout entière étant composée de temps, il est de la plus haute importance que nous l'utilisions sagement. « Je suis trop occupé », « Je suis pressé » et « Je n'ai vraiment pas le temps » : voilà trois grands obstacles au bonheur. En vivant toujours pressé par le temps, nous ne pouvons développer une personnalité forte et belle, et notre vie perd toute sa saveur.

Chaque matin, nous aurions le loisir d'observer de la fenêtre de notre chambre, des arbres, des montagnes, des champs ou des parcs. Mais nous le faisons rarement. Nous préférons nous rendormir ou sauter du lit pour courir au travail. Nous croyons que nous n'avons pas de temps pour profiter de la beauté de la nature. Et lorsque nous nous interrogeons sur la raison pour laquelle nous nous soumettons à une telle frénésie, à un tel rythme qui ne mène nulle part, nous invoquons la vie moderne et ses contraintes. Nous n'avons qu'à allumer notre téléviseur pour être assaillis par une multitude de messages publicitaires faisant état d'une myriade de maux physiques et mentaux, et qui visent à favoriser la vente de toutes sortes de panacées de même qu'à justifier les échecs et la procrastination. Cependant, lorsque nous prenons le temps de faire face à la réalité, nous éprouvons bien du remords à propos du temps perdu.

Nous avons donc besoin de nous libérer de la tyrannie de l'horloge. Nous devons apprendre à maîtriser le temps plutôt que de nous y soumettre. Cessez d'être la victime du temps. Ne le gaspillez jamais, et ne vous surprenez jamais à dire : « Pas le temps ! » Apprenez au contraire à maîtriser ce dernier et à vous réserver du temps pour les choses importantes de la vie. En refusant de vous soumettre au temps, vous retrouverez les commandes de votre vie.

## Quel est le vrai problème : le temps ou vous?

Rares sont les personnes qui ont conscience de la valeur du temps. Tous, nous perdons notre temps et ce, jusqu'à ce que nous nous apercevions que nous jouons à un jeu perdu d'avance. Nous éprouvons un constant sentiment d'infériorité, qui s'accompagne d'un sentiment d'incapacité et d'épuisement. L'incessant cliquetis de l'horloge nous rappelle sans cesse notre échec, car nous avons de la difficulté à prendre notre vie en main.

Prenez votre propre exemple. Il y a des choses que vous vous promettez de faire depuis des années : apprendre une langue, faire une robe, visiter un endroit, rédiger une lettre spéciale, suivre un cours, finir un livre, faire... Si seulement vous aviez plus de temps! Vous êtes tellement occupé. Mais l'êtes-vous... vraiment?

## Gestion du temps et gestion personnelle

Les gens s'inscrivent à des cours de gestion du temps, mais n'arrivent pas malgré tout à trouver le temps de faire ce qui est nécessaire pour réussir. Si vous voulez vraiment faire quelque chose, vous trouverez le temps de le faire. Vous n'avez pas besoin d'un expert en gestion du temps pour savoir comment vous y prendre pour réussir. Permettez-moi de vous donner quelques exemples.

Supposez que je vous embauche pour vendre des cosmétiques. Au cours des prochaines quarante-huit heures, je vous verserai cent dollars pour chaque bâton de rouge à lèvres vendu. Pendant cette période, combien de temps consacrerez-vous aux repas, aux conversations téléphoniques, à la télévision, aux conversations inutiles ou à l'oisiveté ? Accepterez-vous de parler à quelqu'un qui n'est pas un acheteur potentiel de rouge à lèvres ?

Disons maintenant que vous étudiez. Pour chaque A obtenu, je vous verse un chèque de cinq mille dollars. Et si vous maintenez une moyenne exceptionnelle, je vous verse cent mille dollars. Croyez-vous que vous trouverez le temps d'étudier ?

Si l'on vous faisait de telles offres, vous n'auriez pas à lire un livre ou à vous inscrire à un cours de gestion en vue de trouver le temps nécessaire à la vente ou aux études, n'est-ce pas? La raison en est simple. Vous vous seriez aperçu que l'objectif à rencontrer était des plus intéressants et auriez par conséquent développé le désir intense de parvenir au but visé.

Voilà le secret! Le secret, pour trouver le temps de faire ce que vous voulez faire, c'est de vouloir plutôt que de souhaiter le faire. Nous souhaitons tous en faire plus mais ne le voulons pas vraiment, d'où que nous continuions à perdre du temps et à souhaiter en avoir plus. Cela est ridicule!

Si nous prenons la décision de maîtriser le temps, la première chose à faire ne consiste pas, comme le pensent certains, à s'emparer du premier calendrier venu et à se fixer toutes sortes d'horaires. Cette étape est la dernière.

La première étape consiste à établir pourquoi nous voulons faire une chose, et non pourquoi nous devons la faire. Nous nous devons d'acquérir une véritable compréhension philosophique de l'importance, de même que du manque d'importance du temps dans notre vie. Si nous nous donnons comme motivation de prendre notre vie en charge, le mécanisme de la réalisation se déclenchera automatiquement.

Prendre le dessus sur l'horloge et le calendrier ne signifie pas que nous devions négliger le temps. Ce n'est que lorsque nous savons faire face à ce dernier que nous pouvons l'évaluer correctement. En travaillant avec le temps, nous pouvons obtenir des résultats remarquables. Mais allons-y doucement ! Une première tentative ne doit pas en être une qui vise à déplacer des montagnes. Le secret de la victoire, c'est de commencer. Lorsque nous mettons le temps de notre côté, nos moindres efforts s'accumulent, et alors nous trouvons la force et la vigueur nécessaires à l'atteinte de notre but.

### Tout périple commence par une première étape

Vous voulez avoir plus de temps, mais ne savez comment vous y prendre pour qu'il en soit ainsi. Efforcez-vous de vous lever plus tôt! Cette seule action peut ajouter une ou deux heures à votre journée et quelques années à votre vie. Choisissez de faire une chose que vous vous promettiez de faire depuis longtemps, et faites-la avant le déjeuner. Voudriez-vous être expert dans un certain domaine? Étudiez une demi-heure tous les matins et bientôt vous serez devenu un expert dans ce domaine. C'est tout. C'est tellement simple que ça échappe à la plupart des gens qui continuent à chanter : « Un jour, je ferai... Un jour, j'irai... mais je n'ai jamais le temps. »

Le simple fait que vous n'ayez jamais entrepris le travail, le jeu ou l'étude qui vous intéresse vraiment n'est pas une raison pour ne pas commencer maintenant. Nous avons toujours le temps. Simplement, nous croyons que nous ne l'avons pas. Il n'est jamais trop tard pour commencer. Le temps est impersonnel. Il est toujours le même. Il ne nous impose pas de limites. C'est nous qui nous en imposons.

Bien sûr, il est difficile dans notre monde moderne de ne pas se laisser entraîner dans la ronde infernale ; souvent cependant, nous pouvons atténuer la tension qui s'accumule en calmant notre esprit et nos nerfs et en nous accordant de brèves périodes de méditation tranquille au milieu de la matinée et de l'après-midi.

### La théorie de « l'après »

Vous pouvez réussir n'importe quoi à condition que vous soyiez déterminé à y mettre le temps. Plutôt que de jouer au bowling chaque semaine, pourquoi ne pas y jouer toutes les deux semaines? Plutôt que d'aller au même endroit chaque semaine, pourquoi ne pas y aller toutes les deux semaines ? En économisant une soirée, vous aurez le temps de faire quelque chose de différent et d'important.

La plupart des gens vivent conformément à la théorie de « l'après ». Ils ont des projets véritables et se promettent de faire de grandes choses... une fois qu'ils auront élevé leurs enfants, qu'ils auront changé d'emploi, qu'ils auront acheté une voiture neuve, qu'ils auront terminé leurs études, qu'ils auront changé les rideaux, etc. Or, cette période n'arrive jamais; toutefois, ils persistent à croire qu'un jour ils obtiendront ce qu'ils désirent. Et, bien que des occasions puissent se présenter à eux, elles ne restent pas sur le seuil de leur porte en attendant qu'ils se décident : Tôt ou tard, ils connaissent les frustrations et le découragement.

Faites ce que vous avez toujours voulu faire dès maintenant. Caressez des projets dès maintenant. Ou programmez aujourd'hui plutôt que demain votre subconscient. Vous n'aurez jamais plus de temps que vous n'en avez aujourd'hui. Ce qui compte, c'est ce que vous ferez des vingt-quatre prochaines heures.

Goûtez à l'aventure. Lors de votre prochaine journée de congé, rendez-vous au parc, à la montagne ou à la mer. Peu importe la température ! Levez-vous et sortez !

Servez-vous de votre imagination. Pensez à vous acheter un billet pour aller quelque part, à faire votre valise, à claquer la porte et à échapper à la platitude de la routine quotidienne. Même si le voyage est court, pensez à la joie que vous ressentirez lorsque vous vous direz : « Je pars la semaine prochaine. »

Voulez-vous vous rendre à l'étranger ? Le secret consiste à vous réserver du temps. Faites des prévisions et partez. N'attendez pas une minute de plus. Lorsque vous serez convaincu que vous obtiendrez ce que vous désirez, votre projet se réalisera. Les voyages feront partie de votre vie, et votre puissant désir de voir le monde s'intensifiera toujours davantage.

Le sentiment est la clé de l'attente. Ayez le sentiment du moment qui passe, le sentiment qu'il s'agit du bon moment, que vous allez vous en sortir. L'attente mettra en oeuvre en vous un puissant pouvoir qui fera de votre désir une réalité. Plus vous serez emballé, plus vite votre désir se réalisera. En conservant cet état de conscience, vous vous attirerez de plus grandes et de plus belles aventures.

**Ne vous laissez pas diriger par le temps : dirigez-le !**

Les frustrations et le découragement ont source à l'intérieur de soi. En réfléchissant un peu, on s'aperçoit que le temps, sans sa tyrannie, peut être un allié puissant. Nous devons apprendre à aimer le temps, à l'apprécier à sa juste valeur.

Le temps n'a de sens que lorsqu'il nous permet de vivre des expériences mémorables, que lorsqu'il donne plus de sens à notre vie. Il peut sembler interminable ou insaisissable lorsque ce que l'on vit est difficile. Une fois cela compris, nous commençons à saisir le rôle qu'il joue dans notre vie, et pouvons alors disposer du temps comme bon nous semble.

Permettez-moi de vous donner un exemple. Être conférencier est le travail que je préfère. Je prononce plus de deux cents conférences par année, et j'en apprécie chaque moment. D'autre part, je n'ai jamais reçu de formation d'écrivain, d'où le fait que je trouve l'écriture très difficile. Pourtant je me suis discipliné à écrire.

Étant donné que je préfère donner des conférences, je dois me discipliner à écrire. Or, comme le présent livre était assez important à mes yeux, je me suis astreint à trouver du temps pour le faire. Pendant deux mois, je me suis isolé du reste du monde, désireux que j'étais de rencontrer mon objectif. Le reste du monde et mes amis me croyaient mort. Je ne travaillais que sur le manuscrit. Après tout, que valent deux mois de ma vie lorsque les résultats peuvent être bénéfiques à tant de gens ?

Et alors que j'étais mort pour le reste du monde, il y avait beaucoup de vie dans ce que je faisais. Mon emballement et mon enthousiasme étaient intarrissables, et ce sont eux qui m'ont permis de terminer ce livre. Essentiellement, la rédaction du livre exigeait que je me discipline, que je trouve le temps nécessaire et que je suscite l'emballement et l'enthousiasme qui allaient me permettre d'accomplir ma tâche.

Tant de gens s'ennuient. Ils disent qu'il n'ont rien à faire. Cela est tellement triste ! Ils boivent, jouent au bridge, tricotent ou font n'importe quoi à la seule fin de tuer le temps. Mais pendant qu'ils tuent le temps, ils tuent aussi leur imagination créatrice. Ils n'ont pas le temps d'étudier, de méditer ou d'améliorer leur sort. Comme il a été observé avec beaucoup de sagesse, nous apprenons à économiser le temps et à gaspiller notre vie.

Vivre, c'est agir. Ne pas agir, c'est mourir. L'horloge avance. La vie est une urgence. Il faut agir maintenant.

Considérez-vous comme une personne qui agit toujours sur-le-champ. Tout ce que vous envisagez de faire, vous le faites sur-le-champ ou, à tout le moins, vous projetez de le faire sur-le-champ. Si vous souhaitez vraiment être fort, sain, prospère et vivant émotionnellement, il vous faut trouver le temps d'étudier et de méditer sur les principes dont nous venons de parler. La réussite demande un certain temps. Beaucoup de temps. Il n'y a pas de formule magique. Il faut du temps, de l'étude, de la méditation et de l'action pour réussir.

Utilisez le temps que Dieu a mis à votre disposition. La plupart des gens ne saisissent la valeur du temps que lorsqu'ils arrivent à la fin de leur vie ; alors, ils prient pour avoir quelques minutes de plus. Ceux qui sont morts au cours des vingt-quatre dernières heures auraient donné n'importe quoi pour vingt-quatre heures de plus. Vous pouvez passer les vingt-quatre prochaines heures à tenter de réaliser vos véritables possibilités comme vous pouvez les passer à vous enfoncer dans votre enfer particulier. Le choix est toujours vôtre.

Vous commencez soudain à réaliser qu'un sens approprié du temps n'est rien de plus qu'une réaction instinctive au moment qui passe, accompagnée de bon goût et de bon sens. Vous avez une nouvelle sensation de prise en mains. Vous apprenez à apaiser les tensions qui empêchent l'interaction du corps et de l'esprit. Plus vous aurez ce sens approprié du temps, plus vous aurez confiance en vous-même. L'une des caractéristiques fondamentales de la personne qui réussit est son sens instinctif du temps. Ce sens du temps fait l'objet d'études de la part des acteurs, des speakers de la radio et de la télévision, des artistes, des danseurs, des écrivains et... des conférenciers.

Je suis très conscient du temps qui passe, car je dois l'être. Je consulte ma montre juste avant de monter sur scène. Mon esprit est concentré sur le moment présent. Je pense calmement à l'auditoire auquel je serai mentalement lié au cours des prochaines minutes. Je pense à la façon dont il pourra bénéficier de ce que je suis sur le point de lui confier, et à la façon dont je bénéficierai de sa réceptivité. Et je me fixe un délai en fonction de cela.

À la fin de ma conférence, les gens viennent me remercier. Je reçois des milliers de lettres. Cela en vaut la peine. Ce n'est pas une perte de temps, car j'en tire beaucoup de bonheur !

### Le temps devient un outil, non un tyran

Vous devez apprendre à regarder l'horloge comme un artiste regarde ses matériaux ; vous devez apprendre à la considérer non pas comme un fouet, mais comme une brosse destinée à ajouter de la beauté au tableau que vous créez. Vous devez être conscient de la liberté de choix que vous possédez et être conscient de la valeur du temps, en évitant toute crainte. En d'autres termes, vous devez faire tout ce que vous faites et vous servir du temps pour réaliser votre objectif ; en aucun cas, vous ne devez considérer que le temps est une fin en soi. Il n'y a aucune raison pour que vous vous en teniez à un horaire strict si vous n'en tirez aucun avantage.

L'utilisation efficace du temps est intimement liée à l'appentissage de l'établissement de propriétés. L'une des méthodes les plus simples et les plus efficaces permettant un tel apprentissage consiste à prendre l'habitude, chaque soir, avant de vous mettre au lit, de noter les six choses les plus importantes que vous comptez faire le lendemain. Après avoir dressé cette liste, ordonnez-en les éléments par ordre d'importance. En effectuant toutes ces tâches que vous vous serez fixées, vous serez envahi par un grand sentiment de satisfaction. Chaque projet complété vous facilitera le suivant. Et la réussite engendrera la réussite.

L'utilisation maximale de votre temps constitue un splendide exercice mental qui vous amènera à déterminer l'importance relative de chacun des éléments qui sera inclus dans le programme de chaque journée. Cette évaluation préliminaire, qui permet de séparer ce qui est essentiel de ce qui ne l'est pas, procure des récompenses très importantes, compte tenu du temps qu'elle exige. Il y a un vieux proverbe chinois qui dit : « Un voyage d'un millier de milles commence par un pas. » Non seulement il vous faut bouger, mais il vous faut aller de l'avant.

Gérez efficacement le temps dont vous disposez. Il n'est pas nécessaire de courir. Certaines personnes sont toujours pressées mais ne semblent jamais en faire plus que celles qui progressent à un rythme régulier. Rappelez-vous la dernière fois que vous avez voulu « économiser du temps » ; qu'avez-vous fait du temps économisé ? L'avez-vous mis de côté pour l'utiliser dans un moment de nécessité ? En vérité, le temps peut être géré, mais ne peut être économisé. Le fait de tenter d'économiser du temps n'entraîne qu'anxiété et frustrations, ce dont vous n'avez nul besoin. Rappelez-vous la mise en garde de tout à l'heure : Évitez d'économiser du temps et de gaspiller votre vie !

Pour bien utiliser votre temps, il importe que vous preniez d'abord conscience de la façon dont vous l'utilisez présentement. Examinez vos activités quotidiennes et voyez quels changements vous pouvez apporter à votre vie actuelle.

Commencez par les tâches les plus désagréables. Ainsi, vous travaillerez plus fort et vous en ferez davantage parce que vous aurez toujours une tâche agréable qui vous attendra.

Prenez le temps de planifier votre temps. Et n'oubliez pas de réserver du temps à la planification.

## Le temps n'a jamais été plus propice

Parce que nous vivons dans un univers au rythme magnifique, le corps et l'esprit réagissent avec aisance à la répétition. Dans votre maîtrise du temps, ne considérez jamais la régularité comme un élément négligeable, ennuyeux et inintéressant, mais voyez-la comme étant le même type de rythme qui rend la musique agréable. Le défi consiste à vous y conformer et à saisir le tempo de la mélodie de la vie. L'un des principaux objectifs de ce livre est de vous aider à améliorer votre confiance en vous-même de manière à ce que vous accédiez au *bonheur* !

## Douzième secret

# Pour surmonter la crainte et l'inquiétude

À notre connaissance, la crainte a toujours existé. Nos ancêtres primitifs craignaient le tonnerre et la foudre ; ils craignaient les bêtes sauvages et se craignaient les uns les autres. La crainte était présente du temps de l'arche de Noé. Le terme crainte peut être relevé près de quatre cents fois dans la Bible. Lorsque des pays sont en guerre, le monde craint que le conflit ne s'étende. Lorsqu'il n'y a pas de guerre, il craint celle qui risque de se produire. Et nous craignons mille et une choses, petites et grandes, y compris nous-mêmes, les autres et nos situations quotidiennes.

Nous venons au monde avec deux craintes seulement : la crainte de tomber et celle des bruits puissants. Les autres, nous les développons nous-mêmes, par nos propres moyens. La crainte revêt plusieurs formes. Il y a la claustrophobie, qui se veut la crainte des espaces clos ; l'agoraphobie, ou la crainte de grands espaces ; la zoophobie, ou la crainte des animaux ; l'astraphobie, ou la crainte de la foudre ; l'hématophobie, ou la crainte du sang ; l'acrophobie, ou la crainte des hauteurs ; l'hydrophobie, ou la crainte de l'eau ; la nyctophobie, ou la crainte de l'obscurité ; et la pire phobie de toutes, *la crainte de l'échec*.

La crainte est une émotion destructrice qui peut annuler toutes vos tentatives en vue d'améliorer votre confiance totale en vous-même. Si vous avez peur, il vous est impossible d'avoir l'attitude mentale positive essentielle à la réussite.

## Faites face à l'échec

Si vous pensez sans cesse à l'échec, vous vous contraignez à l'échec. L'échec est assuré par une répétition constante. Combien de fois par jour pensez-vous à l'échec ? Vous arrive-t-il de dire aux autres que vous savez que vous allez échouer ? Vous arrive-t-il de vous dire : « Je suis un terrible raté », « Je ne peux jamais rien réussir », « Je n'ai pas assez d'instruction » ou « Je ne suis pas très beau » ? Voilà le genre de répétition négative qui, combinée à votre éducation d'enfant, vous pousse à faire face aux occasions et aux défis les plus importants avec une attitude mentale qui dit : « Je ne peux pas ».

Comment peut-on chasser la crainte ? Une attitude mentale positive vous permettra de la surmonter. Vous devez d'abord croire en vous-même, savoir que vous possédez un pouvoir plus grand que la tâche qui vous attend. Faites appel aux affirmations positives, qui vous aideront à renforcer votre conviction et à la faire admettre comme une vérité par votre subconscient.

L'étape suivante consiste à être prêt à faire face à l'échec. Avant d'entreprendre une nouvelle tâche, demandez-vous : « Qu'est-ce qui peut arriver de pire ? » Préparez-vous mentalement à l'éventualité d'un échec. Il est important de faire une distinction à cet égard. Je ne dis pas que vous devez vous attendre échouer, car ainsi vous seriez assuré d'échouer. Je dis que, si vous êtes mentalement préparé au pire, vous aurez l'assurance qui vous permettra d'affronter et de relever les défis les plus grands.

Tout ce qui nous inquiète se résume à ceci : *Nous ne vivons pas dans le présent.* Pensez-y un peu. Vous ne pouvez vous inquiéter que si vous vivez mentalement dans un futur que vous espérez et que vous craignez, ou dans un passé faisant référence à quelque chose de désagréable. Si vous vivez dans le présent, il vous est impossible de vous inquiéter. Par exemple, êtes-vous inquiet en ce moment même ? Bien sûr que non ! Pourquoi ? Tout simplement parce que vous lisez ce livre et que votre concentration vous empêche de vous inquiéter. L'esprit ne peut penser à deux choses à la fois.

Vous pouvez surmonter la crainte et l'inquiétude en vivant une journée à la fois, ou mieux encore, un moment à la fois. Dites-vous simplement : « Pendant les prochaines minutes, les prochaines heures ou les prochains jours.. ! » Formulez une déclaration positive et ne tenez votre promesse qu'en fonction du délai que vous vous êtes fixé. Oubliez tout ce qui est au-delà. Si vous vivez un moment à la fois, vos inquiétudes s'estomperont.

Il est important d'avoir le sens de l'humour. L'humour est une soupape de sécurité. Il vous empêche de vous prendre trop au sérieux. Le problème avec la plupart des gens est qu'ils prennent la vie trop au sérieux. Même la religion est trop sérieuse. Ce qui devait être léger, enthousiasmant et édifiant est une expérience génératrice de culpabilité. Si vous inculquez aux gens le sentiment de leur non-valeur, vous pouvez les contrôler. C'est la vieille situation de la dépendance. Mais Dieu doit certainement avoir le sens de l'humour. Si vous regardez l'oryctérope ou le porc-épic, vous pouvez facilement conclure qu'Il a effectivement le sens de l'humour. Il nous a donné le sens de l'humour afin que nous nous libérions de nos tensions. L'humour est au centre de la tragédie. Il nous permet de rire de nos craintes.

Faites ce que vous craignez le plus. Plongez-vous sans cesse dans les tâche qui vous font peur de manière à ce que votre peur finisse par s'estomper. L'utilisation de la crainte comme moyen de conquête renforce les « muscles » spirituels et émotionnels.

La plupart du temps, la crainte provient du fait que l'on utilise l'esprit plus que le corps. Si vous pensez trop et que vous n'agissez pas, vous donnez naissance à la crainte. Ayez une vie plus active et vous aurez moins le temps de vous inquiéter. Faites de longues promenades pour vous défaire de vos tensions physiques. Un esprit trop actif et un corps inactif risquent d'entraîner des problèmes. Apportez ce livre lorsque vous allez en promenade. Trouvez un endroit tranquille, faites une pause et ouvrez-le au hasard. Votre subconscient vous guidera à l'endroit propice. Lisez une page ou deux et rentrez chez vous sans vous presser. Pendant que vous marchez et que vous réfléchissez à ce que vous avez lu, votre esprit et votre corps fonctionneront de façon parfaitement équilibrée. La crainte naît du déséquilibre. On a appliqué ce principe au développement du corps, mais on a complètement négligé de considérer le développement de l'esprit et l'harmonisation des deux entités.

## Le changement est dans l'ordre des choses

Les hôpitaux psychiatriques sont remplis de personnes qui sont incapables de faire face au changement et qui ont trouvé un moyen pour y échapper. Mais s'il y a quelque chose de plus inéluctable que la mort et les impôts, c'est bien l'inévitabilité du changement. Nul ne peut y échapper. Nous devons apprendre à l'accepter et à le désirer.

En fait, le changement est ce que vous souhaitez. Vous voulez être quelqu'un. Vous voulez être important, être une personne qui compte. Vous recherchez la beauté dans la vie ; vous voulez du champagne plutôt que de la bière, une automobile plutôt qu'une voiture, un foyer plutôt qu'une maison. Et vous ne pouvez obtenir tout cela que si vous vous débarrassez de la crainte.

Le changement suppose que vous changiez votre façon de penser. Il suppose également que vous soyiez prêt à abandonner les choses telles qu'elles sont afin de les retrouver telles qu'elles peuvent être ! Nul ne peut faire cela à votre place. Ce livre peut vous aider, mais c'est à vous qu'il revient d'agir.

## Soyez différent et favorisez le changement

Ne vous y trompez pas : si vous voulez faire tomber les barrières négatives que vous vous êtes érigées, vous devez décider consciemment que vous voulez être différent. *Tous les individus exceptionnels sont différents.* Ils se distinguent de la majorité. C'est ainsi qu'ils se font remarquer.

Vous devez avoir l'audace de dire : « *Je ne mènerai pas une vie de médiocrité. Je suis différent. Je suis une personne fantastique et j'ai un avenir fantastique. La vie ennuyeuse n'est pas pour moi.* » Répétez ces phrases. N'attendez pas ! Commencez dès maintenant ! Si vous êtes seul, levez-vous et criez-les ! L'horloge avance et le temps file. À partir de maintenant, vous allez penser, parler et agir positivement et ne laisserez pas la crainte de l'échec et de l'avenir vous en imposer.

Si vous êtes épuisé et craintif, peut-être est-ce parce qu'il n'y a pas d'aventure dans votre vie. Rien n'est pire que de se retrouver dans une ornière. Dormir dans le même lit chaque soir, manger dans les mêmes restaurants, voir les mêmes gens, prendre la même route pour aller travailler, faire la même chose chaque jour, cela est de la véritable démence. L'uniformité détruit la créativité et vous fait aboutir rapidement chez le psychiatre. Ceux qui sont prisonniers d'un tel cycle sont ceux qui se promettent de « faire quelque chose un jour ». Ils sont esclaves de l'uniformité et craignent le moindre changement.

Si vous êtes insatisfait de votre routine quotidienne, changez-la. Cela ne veut pas dire que vous devriez oublier tout le monde ou vous sentir supérieur à votre famille ou à vos amis. Vous devez plutôt affirmer votre droit de parler et d'agir pour vous-même, et de faire le nécessaire pour être heureux. Confucius disait à cet égard : « Ceux qui désirent être constamment heureux doivent souvent changer. » Et si vous êtes heureux, les gens qui vous entourent en bénéficieront.

La première chose à faire est de cesser de lutter contre le changement. Apprenez à vivre avec le changement et à le trouvez agréable. La température va changer. Votre compagnie va changer. Le gouvernement va changer. Les gens qui vous entourent et votre collectivité vont changer. Tout le monde et tout ce qui vous entoure va changer un jour, alors pourquoi lutter ? Pourquoi ne pas être un de ceux qui disent : « Voyons ce que je peux changer pour améliorer les choses ! » ?

Apportez les changements appropriés. Les bons changements sont toujours positifs. Commencez en changeant de petites choses chaque jour, et ce jusqu'à ce que le changement devienne un mode de vie. Ne vous accrochez pas à votre mode de vie. Changez vos meubles. Changez votre tenue vestimentaire. Changez quelque chose. Déplacez ce qui se trouve dans votre chambre, votre appartement ou votre maison. Ne laissez rien inchangé.

Résistez-vous au changement ? Si tel est le cas, vous êtes comme ceux qui se promettent de faire quelque chose un jour mais qui, en réalité, se sentent menacés par le changement. Rappelez-vous que la seule façon de surmonter la crainte est de faire ce que vous craignez le plus. Et si le changement est ce que vous craignez le plus, alors changez !

Changez votre coiffure et la couleur de vos cheveux. Essayez de nouveaux aliments. Si vous n'êtes pas satisfait de votre apparence, consultez un plasticien. Lisez le livre du docteur Maltz sur la psychocybernétique et voyez comment il a changé des milliers de vies. Laissez-le vous raconter dans ses propres termes ce qu'une nouvelle apparence fera pour votre personnalité. Surprenez-vous et surprenez vos amis par votre nouvelle apparence.

Le changement est une habitude. Toute votre vie est faite d'habitudes. Depuis votre enfance, vous vous êtes entraîné à réagir comme vous le faites. Changer votre vie, c'est changer vos habitudes. Cela peut parfois être désagréable, mais ce n'est que temporaire.

Pour surmonter l'appréhension, rappelez-vous les avantages dont vous bénéficierez. Concentrez-vous sur les avantages plutôt que sur les craintes et les difficultés que le changement risque d'entraîner. Notez par écrit ces avantages. Relisez-les chaque jour et voyez ce que le changement vous apporte.

Considérez tout ce qui survient dans votre vie comme une occasion de changer pour le meilleur. Si vous êtes sur le point d'être muté, si votre bureau ou votre service est sur le point de fermer, si votre poste a été aboli, si votre conjoint ou votre petite amie désire déménager, si votre amoureux vous a quittée, si vous devez déménager dans une autre ville ou si votre voiture a finalement rendu son dernier souffle, ne ressassez pas les aspects négatifs de ces phénomènes, réfléchissez plutôt aux conséquences positives qui en découlent. Lorsque vous cessez de résister, vous acceptez le changement et avez hâte de vivre une nouvelle et meilleure expérience ; et c'est alors que survient quelque chose de bon, comme c'est le cas chaque fois que vous êtes prêt à changer.

## Treizième secret

# Allez de l'avant grâce à la communication positive

L'une des phrases que j'entends le plus souvent dans le cadre de mon travail est : « Nous n'arrivons pas à communiquer. » La plupart des gens confondent communication et parole écrite et orale, et ont par conséquent le sentiment de ne pas communiquer. Mais ce n'est pas du tout le cas. Ils communiquent constamment. Les gens communiquent par le biais du langage du corps, des expressions faciales, des gestes, des manières et même du silence. Leur capacité à communiquer se manifeste tout autant par ce qu'ils ne disent pas que par ce qu'ils font.

En Amérique, nous mettons très peu l'accent sur la communication non verbale. Dans certaines cultures, en Orient par exemple, une importance considérable est accordée à la communication non verbale. Les Japonais ont un terme pour cela : harrigay. Dérivé de deux termes, soit « harra » qui signifie « estomac », et « gay » qui signifie « art », le terme « harrigay » fait référence à l'art d'entrer à l'intérieur d'une personne et d'essayer de la comprendre en utilisant peu la parole. L'individu est non seulement responsable de ce qu'il dit, mais aussi de ce que l'autre comprend lorsqu'il observe ses gestes, ses manières, ses expressions, son langage corporel, etc.

Si vous avez de la difficulté à communiquer avec les autres, vous devez d'abord comprendre et accepter que vous êtes à la source du problème. Tout cela est lié à la façon dont vous communiquez, et plus spécifiquement dont vous communiquez non verbalement avec les autres. Tous les problèmes d'ordre familial ou professionel, tous les malentendus et même les brouilles, prennent leur source dans notre incapacité de comprendre le point de vue des autres. Alors commençons par reconnaître le fait que nous ne pouvons changer les autres, mais que nous pouvons changer notre attitude à leur égard.

La communication est intimement liée à notre attitude. La façon dont nous nous exprimons est une manifestation extérieure de ce que nous pensons. Longfellow écrivit un jour : « Une simple conversation avec une personne sage est préférable à dix ans d'études dans les livres. »

L'un des plus grands problèmes qui menacent tout mariage est l'incapacité ou le manque d'adresse à communiquer. La plupart des échecs dans le domaine des affaires ne sont pas des échecs professionnels, mais personnels. Les gens ne parviennent pas à communiquer. Bon nombre d'études tendent à démontrer qu'un bon patron est, aux yeux des employés : un patron qui peut communiquer avec eux. Un mauvais patron passe parfois plus de temps avec ses employés, mais il communique moins avec eux. Capable de communiquer, le bon patron encourage ses subordonnés à émettre des idées, et ainsi son temps est utilisé de façon plus productive.

Chacun de nous est un patron. Vous pouvez diriger une entreprise, une famille, un emploi, des études ou une amitié. Pour réussir, vous avez besoin, dans chacun de ces cas, de communications positives. Voici quelques suggestions qui vous permettront d'améliorer votre efficacité à cet égard.

## Écoutez, écoutez, écoutez

Dans la communication, rien n'est plus important que l'écoute. On raconte une vieille histoire à propos de deux femmes qui marchaient dans la rue et en rencontrèrent une troisième. L'une des femmes engagea la conversation avec la nouvelle venue pendant dix bonnes minutes. La première femme observa alors que la deuxième parlait et que la troisième écoutait. Lorsqu'elles se séparèrent finalement, la seconde femme dit à la première : « C'est l'une des femmes les plus brillantes que je connaisse ! »

« Mais, protesta la première, elle a à peine prononcé un mot. »

« Je sais, dit l'autre, mais elle a écouté. Cela prouve qu'elle est intelligente ! »

Apprenez à bien écouter et vous prouverez aussi que vous êtes intelligent. Nous avons tous l'impression que celui qui a le bon sens d'écouter ce que nous avons à lui dire doit être un bon ami. Nous avons perdu l'habitude d'écouter. Réfléchissez-y lorsque vous parlez à quelqu'un. Les gens attendent impatiemment le moindre silence pour parler. Ils ne vous entendent pas. Ils sont trop occupés à penser à ce qu'ils vont dire.

On a démontré, au cours d'études sur la perception extrasensorielle, que si quelqu'un émet une pensée et que personne n'est là pour la recevoir, cette pensée n'existe tout simplement pas. En d'autres termes, il doit y avoir un récepteur et un émetteur. Il en va de même pour la conversation. Si quelqu'un vous parle et que vous n'écoutez pas, la conversation n'existe pas.

L'écoute est vraiment la caractéristique la plus importante de la communication efficace. Nous passons une bonne partie de notre vie à apprendre à lire, à écrire et à parler, mais nous n'apprenons pas à écouter. La majorité des individus désirent simplement parler, et lorsqu'ils ne sont pas écoutés, ils se mettent en colère. « Pourquoi n'écoutez-vous pas ? » ou « Vous n'êtes pas du tout attentif », disent-ils.

Que vous en soyez conscient ou non, la façon dont vous écoutez a beaucoup plus d'impact sur les autres que la façon dont vous parlez. Le monde a grand besoin de personnes qui savent écouter. Rien n'est plus dommageable à l'estime de soi que l'indifférence des autres. Mais bien écouter ne signifie pas garder le silence. Les signes d'irritation et d'ennui, les sarcasmes, les interruptions inutiles, les désaccords et le fait de n'accorder aucune importance à ce qui se dit sont autant d'attitudes nuisibles.

Lorsque vous agissez ainsi, votre interlocuteur se sent rejeté. Il se dit : « J'ai quelque chose d'important à dire. J'ai besoin qu'on m'écoute. » Et si vous ne l'écoutez pas, un autre le fera ! Car la personne fera tout ce qui est possible pour être écoutée. L'enfant fera une scène, renversera quelque chose ou se disputera avec ses frères et soeurs. L'étudiant pourra sécher ses cours ou refuser d'étudier. Le conjoint refusera de parler ou s'absentera du foyer. L'employé grondera ou se plaindra. Chacun découvrira le moyen qui lui permettra d'être entendu.

La plupart du temps, les gens ne communiquent même pas. Ils parlent simplement chacun à leur tour ! Plusieurs n'écouteraient pas du tout s'ils n'y étaient pas obligés. C'est là que réside le problème. Peu de gens sont vraiment disposés à écouter ou à s'améliorer à cet égard. J'eus la preuve de cela il y a quelque temps lorsque je décidai de dispenser deux cours du soir dans une école locale. Ces cours, le premier sur l'art oratoire et l'autre sur l'écoute, furent mis sur pied pour prouver quelque chose. En quelques jours, les cours d'art oratoire furent remplis. Je dus même en dispenser deux pour accommoder tous ceux qui s'y étaient inscrits. Mais je n'obtins aucune inscription pour les autres cours ! Tout le monde voulait parler, mais personne ne voulait écouter.

En y réfléchissant, quels sont les gens que vous estimez le plus ? Ceux qui vous écoutent. Nous sommes attirés par ceux qui veulent entendre ce que nous avons à leur dire. C'est pourquoi tant de psychiatres et de psychologues sont si prospères. Les gens ont besoin de quelqu'un qui les écoute, même si ce privilège doit leur coûter cinquante dollars l'heure.

Pour bien écouter, vous devez d'abord le vouloir. Vous devez accorder de l'importance à tous ceux que vous rencontrez. Si le directeur d'une entreprise ou un individu important au plan politique ou social voulait vous parler, vous l'écouteriez très attentivement. Mais si un balayeur, une ménagère ou un plongeur sollicitait quelques minutes de votre temps, seriez-vous aussi attentif ? Probablement pas ! Pourtant, si tous ces gens devaient disparaître pendant une semaine, quels sont ceux qui vous manqueraient le plus ? Les chefs de grandes entreprises ou ceux qui vous rendent la vie plus confortable ? En fait, tous les gens sont importants, et vous vous devez de le leur laisser savoir en les écoutant.

Si vous apprenez à bien écouter, vous découvrirez à quel point les gens sont fascinants. Les gens auxquels vous n'avez jamais accordé d'attention ou que vous avez toujours considérés ennuyeux ou insignifiants vous deviendront tout à coup intéressants. En vérité, il n'est personne qui soit sans intérêt ; il n'y a que des interlocuteurs inintéressés !

**Nous sommes plus intéressés par notre personne que par celle des autres**

C'est un simple fait de la nature humaine. Nous avons des sentiments, des émotions, de la fierté et des anxiétés. Mais il en va de même pour les autres. Pour apprendre à communiquer positivement, *il nous faut nous intéresser aux autres.* Rien ne sert d'être vif d'esprit, de faire des commentaires brillants, de raconter de grandes histoires ou de prouver à quel point nous sommes intelligents pour pouvoir communiquer. Une seule chose est nécessaire : la sincérité.

Rappelez-vous que la communication n'est pas à sens unique. Elle nécessite quelqu'un qui parle et quelqu'un qui écoute. Vous ne serez pas capable d'amener les gens à écouter si vous n'obtenez pas d'abord leur attention. Et vous n'obtiendrez leur attention que si votre discours les intéresse. Et qu'est-ce qui intéresse le plus les gens ? Eux-mêmes. Ils veulent parler de ce qu'ils ont fait, de ce qu'ils comptent faire, de ce qu'ils ont été et de ce qu'ils sont devenus. N'oubliez jamais cela !

L'erreur fréquente et désastreuse que commettent certains en communication, est celle qui consiste à stéréotyper les gens et à s'adresser à eux selon ce critère. De présumer, par exemple, que tout ce dont une femme désire discuter, c'est de maison, de cuisine ou de bébés. Mais cela est souvent très loin de la vérité. Bien des femmes préfèrent discuter de sujets tels que l'actualité, le pouvoir de l'esprit, les automobiles ou les bons vins. Les hommes ont aussi des intérêts diversifiés. Bien que les intérêts supposément « typiques » de l'homme puissent être le marché boursier, le football et la pêche, plusieurs préfèrent discuter de cuisine, d'artisanat, d'art et des droits de la femme. Il est donc préférable de tenter de découvrir les intérêts de votre interlocuteur.

En plus d'aimer parler d'eux-mêmes, les gens aiment émettre des opinions. Il est amusant de constater à quel point ils ont tendance à parler de sujets auxquels ils ne connaissent absolument rien. Très peu de gens admettront n'avoir pas d'opinion et auront tendance à s'en fabriquer une, spontanément. Et bien que cette opinion n'ait aucune base dans la réalité, il est important qu'on leur permette de l'exprimer. Vous ne vous ferez jamais un ami d'une personne dont vous ne respectez pas l'opinion.

Par ordre d'importance, le troisième sujet de conversation que favorisent les gens, c'est le prochain. Ils en tirent beaucoup de plaisir. Parfois, ce qu'ils disent n'a rien à voir avec la réalité mais, encore une fois, ils ont le droit de s'exprimer. L'idée est de mettre l'accent sur les qualités de la personne avec laquelle on discute et de ne pas porter de jugement sur ses opinions. Elle ne changera peut-être pas d'idée, mais la conversation pourra atteindre un niveau plus agréable et plus positif.

Les gens aiment aussi parler de choses et d'autres. Ils peuvent parler de n'importe quoi. Vous avez donc la chance, en écoutant bien, d'apprendre quelque chose. Pour ma part, j'ai beaucoup appris en écoutant les autres. Même si parfois j'étais peu intéressé par un sujet en particulier, ma curiosité finissait par l'emporter, et je voulais en apprendre davantage. En écoutant ceux qui ont des connaissances dans certains domaines, vous pouvez vous cultiver et être capable de parler d'un nombre étonnant de choses.

Le sujet qui intéresse le moins les gens, c'est... *vous.* Ils ne veulent pas entendre parler de vos maladies, de vos opérations, de vos opinions négatives sur la vie. Écoutez-vous et notez combien de fois vous utilisez la première personne du singulier au cours d'une conversation. Si vous êtes coupable d'excès, oubliez le je au profit du tu !

Centrez la conversation sur l'interlocuteur. Attendez qu'il vous demande de parler de vous. Vous pouvez être assuré que cela ne se produira que lorsqu'il sera prêt à écouter. En d'autres termes, lorsqu'il aura eu la chance de vous parler d'abord de lui. Lorsque vous parlez de vous-même, vous devez non pas attirer l'attention sur vous, mais lier vos intérêts à ceux de votre interlocuteur.

## N'ayez que des conversations positives

Nous avons appris plus tôt que les mots avaient un pouvoir créateur, un pouvoir identique à celui des pensées qui contribuent à façonner notre conscience. Comme nous communiquons toujours nos pensées, il va sans dire que celles-ci doivent être positives.

Lorsque vous ne vous sentez pas très bien, évitez de vous plaindre. Si vous avez l'habitude de vous plaindre, sachez que cela constitue votre façon d'attirer l'attention et la sympathie. Plaignez-vous suffisamment, et vous deviendrez un symbole d'ennui pour les autres. Ils se mettront à vous éviter, car nul n'est intéressé par celui qui le rend malade. En plus d'affecter les autres, vous vous rendrez encore plus malade, car votre constante répétition aura pour effet de programmer votre subconscient. Un de mes amis avait coutume de dire : « Ne racontez jamais vos ennuis. La moitié des gens s'en fichent de toute façon, et les autres s'en réjouissent ! »

Parlez de choses qui inspirent les autres. Dites-leur combien vous appréciez la vie et observez leur réaction. Celui qui émet des vibrations positives attire les gens comme un aimant. Tout le monde veut s'associer avec l'individu qui a une philosophie heureuse et positive, du fait que son attitude est contagieuse. Même si vous vous sentez triste, faites semblant d'être bien. Vous remonterez le moral des autres et, par la même occasion, vous finirez par mieux vous sentir.

La conversation positive suppose aussi que vous appreniez à garder les secrets. Vous vous gagnerez la confiance des gens dans la mesure où vous pourrez être discret. Avant de révéler quelque chose à propos d'une personne, posez-vous la question suivante : « Est-ce que je dirais cela à cinquante personnes ? » Apprenez à ne dire que ce que vous voulez que l'on répète. En agissant ainsi, vous découvrirez que vos commentaires ne porteront que sur des observations positives, constructives et optimistes.

### Utilisez un langage clair

Vous ne pouvez tout simplement pas communiquer avec les autres si vous n'utilisez pas un langage clair. Votre habileté de communicateur est faillible si ce que vous dites ne peut être compris par un enfant. Cela peut sembler ridicule, mais c'est la vérité. Au début de ma carrière de conférencier, j'ai découvert que ma communication efficace avec mon auditoire était directement reliée à la facilité avec laquelle je pouvais expliquer des choses compliquées et abstraites.

C'est à vous qu'incombe le fardeau de soutenir l'attention de l'interlocuteur, qu'il s'agisse d'un auditoire ou d'un individu. Nul ne prêtera attention à ce qui n'est pas compréhensible. Bien des universitaires ne peuvent communiquer avec les gens moins cultivés du fait qu'ils n'ont jamais appris à simplifier suffisamment leurs sujets. Lorsque quelqu'un ne vous comprend pas, ce n'est pas nécessairement parce qu'il est stupide. Le plus souvent, lorsqu'on ne vous comprend pas, c'est que vous n'avez pas été assez clair ou assez simple. Walt Disney se servait de l'animation pour simplifier. Souvent, les grandes vérités revêtent la forme de paraboles ou d'allégories. Tirons une leçon de cela et servons-nous d'histoires simples, de démonstrations, de paraboles et d'exemples pour communiquer nos idées.

Voulez-vous savoir si vous êtes compris ? Posez des questions du genre : Me suis-je bien fait comprendre ? Êtes-vous d'accord ? ou Qu'en pensez-vous ? Cet échange préliminaire contribue à établir une communication dans les deux sens.

### Donnez à l'autre le sentiment qu'il vous impressionne

J'ai déjà dit que les gens aimaient se sentir importants. Faites-leur donc sentir qu'ils sont importants en leur faisant voir que vous êtes impressionné par ce qu'ils ont à dire. Vous pouvez y parvenir en leur accordant toute votre attention. Moins vous parlez de vous-même, plus votre interlocuteur se sent important. Agissez comme si son travail ou sa vie sociale était ce que vous avez entendu de plus fascinant.

Je rentrais chez moi en avion à la suite d'une conférence que je venais de prononcer devant plusieurs milliers de personnes. J'étais très emballé par le succès qu'avait remporté mon allocution. J'étais assis à côté d'un homme qui me confia qu'il était comptable. Je me dis en moi-même que c'était une bonne profession, mais une profession bien ennuyeuse. Bien sûr, je gardai cela pour moi. Je l'écoutai plutôt parler de ses voyages et des caractéristiques financières complexes des sociétés qu'il représentait. Il me captiva pendant tout le voyage. Cette expérience me fit comprendre une grande vérité ! Bien qu'à la surface, certaines personnes puissent sembler ennuyeuses, ce qu'elles ont à dire est souvent plus intéressant et plus important que ce que nous-mêmes avons à dire.

La plupart des gens ne communiquent pas efficacement parce qu'ils tentent d'impressionner plutôt que d'exprimer. Ils se lancent dans un mutuel bombardement verbal et se neutralisent les uns les autres. Ils se servent de termes que les autres ne comprennent pas et parlent souvent de haut à leurs interlocuteurs. Ils s'efforcent de démontrer à quel point ils sont brillants.

Que cela soit justifié ou non, les autres se forment une opinion de vous à partir de la façon dont vous leur parlez. Si vous vous vantez ou que vous tentez de les impressionner par votre intelligence, vous pouvez être certain qu'ils vous rejetteront sans plus attendre. Par ailleurs, si vous ne les snobez pas et que vous tenez compte de leurs intérêts et de leurs émotions, ils vous trouveront brillant, intéressant et intelligent.

Des études ont démontré que soixante-quinze pour cent des mots que l'on utilise ne sont jamais entendus par nos interlocuteurs. Les gens n'entendent que ce qu'ils veulent entendre et, comme vous le savez déjà, ils veulent surtout entendre parler d'eux-mêmes. Si vous leur parlez de leurs buts, de leurs intérêts, de leur idées, de leurs expériences ou de leurs aspirations, vous obtiendrez aussitôt leur attention et la conserverez sans difficulté.

**Reconnaissez sincèrement les qualités des autres**

Chaque fois que vous reconnaissez sincèrement les qualités de vos amis et de vos associés, vous leur apprenez en fait à s'aimer davantage. Si de plus, vous leur faites un commentaire à propos de quelque chose qui échappe à la plupart des gens, vous accroissez votre impact.

Il faut peu d'imagination pour complimenter une personne sur son apparence, bien que cela soit aussi agréable, et l'individu créateur recherche des qualités moins évidentes. Par exemple, vous pouvez noter le sens de l'humour de quelqu'un ou la facilité avec laquelle il se fait des amis. En prenant le parti de remarquer les qualités qui sont trop souvent négligées par les autres, vous dites à la personne quelque chose du genre : « Je t'ai vraiment remarqué en tant que personne. » Vous fournissez ainsi à votre interlocuteur une raison de s'aimer davantage.

En aidant les autres à accroître leur estime personnelle et en les mettant à l'aise, vous les rendez plus amicaux. Cela nous ramène à ce que nous avons dit plus tôt : pour penser du bien des autres, vous devez d'abord penser du bien de vous-même. En sachant ce qui vous plaît et ce qui accroît votre confiance en vous-même, vous avez une bonne idée de ce qu'il faut faire pour que les autres aient davantage confiance en eux-mêmes. Quelqu'un a observé avec beaucoup de perspicacité que lorsque nous regardons notre univers et que nous voyons Dieu et le bien en tout et en chacun, notre univers a envers nous la même attitude.

### Attendez que la conversation s'oriente sur vous

Lorsque les autres cessent de parler d'eux, vous atteignez un point où la conversation doit s'orienter vers vous. Faites preuve d'un peu de patience. Ne faites pas comme cette actrice que je rencontrai lors d'une soirée à Hollywood et qui me parla pendant de longues minutes de sa carrière et finit par me dire : « Assez parlé de moi ! Que pensez-vous de mon dernier film ? »

### Les gestes ont plus d'impact que les mots

> Ce que vous êtes parle si fort,
> Que je ne peux entendre ce que vous dites.
>
> Emerson

Les gens vous jugent sur vos gestes. Les petits gestes de courtoisie ne sont pas simplement des gestes vides de sens, mais des attentions qui veulent dire : « Je crois que vous êtes important. » Malheureusement, la courtoisie est en voie d'extinction. Ne soyez pas passif. Soyez de ceux qui accordent encore de l'importance aux petits gestes de gentillesse qui donnent aux autres un sentiment d'importance.

Il est important de réaliser que les gens ne sont pas intéressés à nous entendre exposer notre philosophie particulière de la vie. Ils sont plus intéressés à observer les résultats de ce que nous croyons.

Vos gestes sont le reflet de votre pensée. Si les autres vous voient en santé, heureux, prospère et enthousiaste, ils vous demanderont ce que vous avez fait pour en arriver là. Il n'est pas nécessaire de prêcher car, comme le dit l'adage, « la vérité se démontre plus qu'elle ne s'enseigne ». Les fanatiques religieux peuvent parler de paix, d'amour, de salut et de leur grand bonheur dans la religion, mais il suffit de les regarder vivre pour constater ce qu'il en est vraiment. La Bible dit : « On reconnaît l'arbre à ses fruits. » Si votre vie semble positive, les gens voudront savoir comment ils peuvent vous imiter.

## Soyez ponctuel

La fiabilité est un autre aspect essentiel du développement de bons rapports interpersonnels. Arriver à l'heure à un rendez-vous est plus important que vous ne le pensez. Les retards n'indiquent pas seulement que vous êtes irresponsable, mais aussi que vous n'avez aucun souci de la personne que vous devez rencontrer. C'est comme si vous disiez que cette personne n'est pas assez importante pour que vous arriviez à l'heure. Si vous aviez rendez-vous avec le président des États-Unis à dix heures demain matin, arriveriez-vous à l'heure ? Bien sûr. Vous feriez l'impossible pour cela. Donc, soyons honnêtes. Nous pouvons toujours arriver à temps si nous sommes motivés.

Nous contrevenons à la règle de la ponctualité parce que nous ne sommes pas conscients des conséquences de nos gestes. Nous nous croyons libres de faire tout ce que nous voulons. « Je suis comme ça! » disons-nous avec un air de défi. Mais nous ne sommes pas comme ça. Nous avons plutôt *choisi* d'être comme ça. Bien que, dans la plupart des cas, nous devions penser à nous-mêmes d'abord, cela ne s'applique pas lorsque nous devons inutilement *manquer de respect envers les autres.*

Donc, n'oubliez pas que, qui que vous deviez rencontrer : cadre, ménagère, travailleur d'usine, secrétaire, représentant, parent, ou que si vous devez assister à une réunion ou à un événement social, *vous vous devez d'arriver à l'heure* ! Et agissez de même avec toutes vos relations personnelles. Ayez la réputation de toujours arriver le premier. Si vous devez faire attendre quelqu'un, communiquez avec lui, informez-le du délai et de l'heure prévue de votre arrivée. Il vous admirera et vous respectera. Rien n'est plus agaçant et frustrant que d'attendre une personne qui est en retard.

**Retenez le nom des gens**

La plupart d'entre nous sommes d'accord pour dire que la plus douce des musiques est de nous faire appeler par notre nom véritable. Le nom d'une personne est la marque de son individualité, et si nous le retenons, nous nous gagnons automatiquement son amitié. Noter et retenir un nom ne prend que quelques minutes, mais constitue un investissement de temps et d'attention qui peut rapporter gros.

La raison principale pour laquelle nous ne retenons pas les noms est que, lors des présentations, nous n'écoutons pas vraiment ce que dit la personne en face de nous. Souvent, la présentation, au moment de la rencontre initiale, ressemble à quelque chose du genre : « Bonjour ! Je suis monsieur Mrkxgrtmp. » Parce que nous avons omis d'être attentif et que nous avons probablement pensé à ce que nous allions dire, nous n'avons pas retenu le nom de la personne qui nous parlait.

Pour retenir un nom, assurez-vous d'abord de bien l'entendre. Imprégnez-vous de l'aspect global de la personne qui vous est présentée, en même temps que vous vous répétez son nom à plusieurs reprises. En vous rappelant la *personne globale*, vous retiendrez son nom.

Ce que vous ne devez pas faire, c'est de vous dire ou de dire aux autres : « Je n'ai pas la mémoire des noms. » En agissant ainsi, vous donnez à votre subconscient une directive qu'il suivra fidèlement. Et chaque fois que vous essaierez de vous rappeler un nom, l'impression sera rejetée en raison du fait que vous aurez déjà déclaré ne pouvoir vous rappeler les noms. Annulez la directive dès maintenant et dites-vous que vous pouvez retenir les noms de toutes les personnes que vous rencontrez et que vous pouvez vous les rappeler à volonté.

Vous rappeler les noms devrait être l'une de vos priorités dans le cadre de votre épanouissement personnel. *Ainsi, non seulement les autres se sentiront-ils importants, mais vous serez aussi plus calme et plus sûr de vous.*

### Comment faire la connaissance des gens

*N'ayez pas peur de faire le premier pas.*

Contrairement à ce que vous pouvez penser, la plupart des gens détestent les rencontres sociales. Ils apprécient l'idée de ces rencontres, mais non la perspective de rencontrer et de côtoyer des étrangers. Si nous sommes honnêtes, nous avouerons qu'aucun d'entre nous ne s'est, à un moment ou à un autre, senti tout à fait à son aise lors d'une soirée. La vérité est que, subconsciemment, nous craignons que les autres ne nous aiment pas ; bref, nous ne voulons pas nous sentir rejetés. C'est encore le vieux besoin d'approbation qui se manifeste !

Si la pensée d'assister à un événement social vous met mal à l'aise, rappelez-vous ceci : *vous n'êtes pas le seul à réagir ainsi.* Bien des gens se sentent comme vous. En acceptant cette vérité, vous aurez beaucoup moins de mal à rencontrer d'autres personnes.

Supposez que vous prenez part à une soirée et que vous connaissez très peu ceux qui s'y trouvent. Vous regardez autour de vous, et tout le monde semble s'amuser ; vous, de votre côté, souhaitez rentrer à la maison. Mais vous n'êtes pas chez vous et ne pouvez rien changer à la situation pour le moment ; par conséquent, la seule chose que vous puissiez faire est de tirer parti de cette situation.

Pour ce faire, obligez-vous à faire le premier pas. Choisissez quelqu'un qui n'est pas engagé dans une conversation et qui semble seul, et rendez-vous jusqu'à lui. Supposez qu'il est amical et agissez comme si vous vous attendiez à être bien accueilli de même qu'aimé par lui. Selon toute probabilité, la personne réagira chaleureusement et coopérera pour faciliter la conversation. Ayant pris l'initiative et surmonté l'obstacle de la timidité, vous constaterez très vite que votre nouvel ami est intarissable.

Soyez amical et laissez la conversation se poursuivre à son propre rythme. Respectez les normes dont nous avons parlé dans ce chapitre. Et ne faites pas trop d'efforts. Dès le début, tenez pour acquis que la personne vous aimera, et vous ne serez pas déçu.

## Apprenez à parler de choses et d'autres

Toutes les conversations n'ont pas à être profondes ou philosophiques. Il est préférable, lorsque vous engagez une conversation avec un étranger, de parler de choses et d'autres. Il y a une très bonne raison à cela. Lorsque vous faites la connaissance de quelqu'un, il se demande s'il sera facile de converser avec vous. Les premières paroles que vous prononcez lui fournissent une réponse et lui donnent une impression qui établira le climat de la rencontre. Si, par exemple, vous engagez la conversation en formulant une question sur la philosophie de vie de la personne, elle se sentira prise au dépourvu et reculera immédiatement. Mais si vous posez à votre interlocuteur des questions qui le concernent, il se détendra et la conversation s'engagera normalement.

Si vous observez les émissions de télévision à l'intérieur desquelles l'on parle avec des invités, vous remarquerez que l'animateur commence invariablement par une question simple et bien choisie destinée à montrer à l'invité que l'on s'intéresse à lui en tant que personne. Cela permet de dissiper l'anxiété et de laisser l'invité parler de lui-même.

## Prenez l'habitude de sourire

Dans la communication, le problème est bien souvent que les gens ne sourient pas assez. Regardez-les dans la rue, au bureau ou même à la maison. Sourient-ils souvent ? Il y a des gens qui peuvent sourire sur commande pour impressionner les autres. Mais leur manque de sincérité est assez évident pour l'observateur. Une étude effectuée dans une importante université a démontré que les hommes sourient à soixante-dix pour cent des femmes et à douze pour cent seulement des autres hommes qu'ils rencontrent. Cela semblerait indiquer qu'ils ne se soucient pas de ce que les autres hommes pensent d'eux et qu'ils se contentent d'essayer d'impressionner les femmes !

Le sourire est un important moyen de communication, car il a un effet positif sur les autres. Pensez à ce que vous ressentez lorsque quelqu'un vous sourit ! Le plus simplement du monde, c'est une façon de vous dire que tout va bien et que l'on est heureux de vous voir. Les magasins à rayons enregistrent des augmentations des ventes allant jusqu'à vingt pour cent lorsque leurs employés sourient aux clients.

Les gens ne peuvent s'empêcher d'être chaleureux lorsque quelqu'un leur sourit. Si vous ne souriez pas, prenez-en l'habitude dès maintenant. Souriez dès maintenant ! Allez-y ! Recommencez ! Ce n'est pas douloureux. En fait, vous vous sentez mieux lorsque vous souriez. Si vous disposez d'un miroir, souriez en vous y regardant et voyez à quel point vous paraissez mieux !

Lorsque je dis que vous devriez vous exercer à sourire devant un miroir, je suis tout à fait sérieux. Vous vous sentirez peut-être ridicule pendant un certain temps, mais en abandonnant votre regard soucieux et votre bouche amère au profit d'un sourire confiant et calme, vous modifierez votre attitude. Chacun est plus beau lorsqu'il sourit. Vous paraîtrez et vous vous sentirez mieux automatiquement. Le sourire est votre façon d'exprimer ce que vous pensez !

Le sourire provient de l'intérieur, et vous devez entretenir des pensées positives qui se refléteront dans votre sourire. Si vous manquez de confiance en vous ou que vous êtes affecté par le malheur ou par le doute, vous aurez du mal à sourire. Votre résistance naturelle à confier vos sentiments aux autres donnera à votre sourire une apparence tendue et forcée.

Pour surmonter cela, attaquez-vous à la racine de votre problème et changez votre image négative. Commencez par un sourire et continuez. Toutes les fois que vous accueillez des gens, *souriez ! souriez ! souriez !* Souriez pour tous ceux que vous rencontrez. Souriez pour votre famille, vos amis et vos camarades de travail. Souriez pour ceux qui vous regardent d'un air sévère. Souriez dans la circulation. Souriez dans l'ascenseur, au magasin, à la banque, dans la rue. Souriez pour le concierge, la serveuse, la caissière de la banque.

Remarquez que je dis souriez pour, et non pas à ! La raison de cela est évidente. Lorsque vous souriez *pour* quelqu'un, vous faites montre de sincérité. L'interlocuteur ressent cela et a tendance à vous rendre votre sourire. C'est sa façon de dire : « Merci de m'avoir remarqué et de me donner un sentiment d'importance ! »

Apprenez à sourire et appréciez le bonheur que cela procure à ceux que vous rencontrez. Essayez de sourire aujourd'hui et bénéficiez de la magie du sourire. Rappelez-vous que votre sourire est l'un de vos meilleurs atouts !

### Choisissez soigneusement vos fréquentations

Finalement, soyez conscient du fait que *vous adoptez une partie de la personnalité de tous ceux que vous rencontrez.* Alors choisissez très soigneusement vos fréquentations. Efforcez-vous non seulement d'avoir des conversations positives, mais aussi de ne fréquenter que des gens positifs, des gens qui vous inspirent, vous motivent et vous aident à réaliser vos possibilités illimitées. Les personnes négatives drainent votre énergie par leurs lamentations et leurs plaintes incessantes à propos des malheurs que la vie leur a valus, du manque de compréhension de leur conjoint, de leurs patrons qui les sous-estiment et de leurs malaises en général. Chaque fois que cela est possible, chassez ces gens de votre vie et recherchez ceux qui sont optimistes et positifs. Rappelez-vous que toutes les personnes que vous fréquentez ont une influence sur votre vie.

## Quatorzième secret

# L'acquisition d'une totale confiance en soi grâce à une attitude positive

Nombre de personnes s'imaginent que la pensée positive n'est pas réaliste et que ses adeptes cherchent simplement à fuir les problèmes, les tragédies et le désespoir. Mais il n'en est rien. La pensée positive est une façon d'aborder vos propres problèmes et ceux du genre humain, et d'essayer de les résoudre grâce à l'action constructive. La différence entre l'individu négatif et la personne positive se situe au niveau de la réaction de deux personnes devant un demi-verre d'eau. La personne négative affirmera que le verre est à moitié vide, et la personne positive, qu'il est à moitié plein.

La pensée positive vous permet de tirer parti de vos points forts, de surmonter vos faiblesses et d'outrepasser vos limites. Elle vous aide à réaliser que vous êtes destiné à devenir quelqu'un parce que vous possédez en vous le pouvoir positif qui vous fera réaliser tous vos rêves. Elle vous aide à vous concentrer sur les bonnes choses de la vie et vous permet de consacrer votre attention dominante à ce qui vous convient et à ce qui convient aux autres et au monde. En voyant le bien qu'il y a autour de vous, vous générez un magnétisme qui vous attire d'autres avantages. Car, ainsi que nous l'avons noté, les semblables s'attirent.

Mais comprenez bien ceci : *La pensée positive est inutile si elle ne favorise pas l'action positive.* Les pensées et l'énergie mentale doivent se transformer en action ou en énergie cinétique. L'énergie cinétique de toute activité raffermit le subconscient. Et, bien utilisé, ce mécanisme automatique générateur d'objectifs corrige les erreurs et les trajectoires et vous oriente vers votre cible.

**Les déclarations positives libèrent le pouvoir créateur**

« *Au commencement était le verbe.* »

La façon dont vous formulez vos pensées a une forte influence sur vos sentiments, vos humeurs, votre personnalité, votre assurance et les expériences réelles de votre vie. Nous avons expliqué plus tôt comment les affirmations positives nous conduisaient à l'échec, à la déception, à la confusion et à la maladie. Alors quelle est la solution ? Elle n'est pas très compliquée. Inversez simplement le processus. Submergez votre esprit de paroles ou d'affirmations de pouvoir.

Les affirmations qui suivent mettent l'accent sur vos points forts plutôt que sur vos faiblesses. Elles concentrent votre esprit sur le positif plutôt que sur le négatif ; affirmez ce que vous êtes et non ce que vous n'êtes pas, et ce que vous pouvez faire au lieu de ce que vous ne pouvez pas faire. Servez-vous de ces affirmations ou d'affirmations semblables en cours de méditation afin de programmer votre subconscient, ou chaque fois que vous avez des pensées négatives.

## Allez de l'avant avec la pensée affirmative

Le moment présent me réserve d'infinies possibilités, car je vis dans l'éternel présent de l'être.

Ce qu'il m'est possible de devenir fait actuellement partie de ma conscience. En ce moment, je suis préparé et outillé pour accepter mes possibilités illimitées. Je suis tout à fait conscient de ma capacité illimitée d'être. Ma pensée se situe dans le moment présent ; ma vision se pose sur le moment présent ; mon espoir se situe dans le moment présent.

Je connais de belles personnes dont l'amour et les dons s'inscrivent dans le cadre de mon expérience de vie.

En devenant plus conscient de mon pouvoir de voir, je suis aussi plus conscient de ma volonté de faire.

Je ne compte sur personne pour mon bien, mais je reconnais que chacun est un médium potentiel par lequel l'Infini peut apporter le bien dans ma vie.

Étant un *esprit* total, ma conscience porte en elle toutes les idées. Je sais ce que j'ai besoin de savoir au moment où j'ai besoin de le savoir.

Ce savoir balaie toute ignorance de mon subconscient.

Je suis intelligence, sagesse et amour en parfait équilibre.

Ma conscience, avec son savoir clair et correct, produit les désirs de mon coeur.

Ce jour et chaque jour se déroule bien pour moi parce que je suis confiant et efficace : je permets à la capacité divine de motiver et d'activer ma conscience.

Mes actions sont le prolongement logique de cette conscience. Toutes mes entreprises sont couronnées de succès parce que je suis en mesure de faire face à toutes les situations de ma vie.

Je suis continuellement réceptif aux nouveaux moyens et aux nouvelles méthodes me permettant d'atteindre mes objectifs.

Je suis créatif par rapport à moi et je sais que l'être créateur que je suis peut créer de l'intérieur.

Je me consacre mentalement et émotionnellement à mon propre bien et à celui des autres. Je vis dans un monde amical qui répond à mes désirs sains et qui les réalise.

Sans prétention, je peux dire que je suis spirituellement parfait. Ma conscience est saine et j'en tire profit. Je n'ai ni crainte ni regret, et je suis très vivant à cet instant. J'ai une confiance totale en moi-même.

## Concentrez-vous sur vos points forts

Dressez la liste de tous vos points forts. Examinez-la avec soin. Revoyez-la souvent. Mémorisez-la s'il y a lieu. Car en vous concentrant sur vos atouts et sur vos qualités, vous développerez la conviction intime que vous êtes un individu valeureux, compétent et uniquc. Et toutes les fois que vous ferez quelque chose de bien, rappelez-vous votre réussite et récompensez-vous. De cette manière, vous prendrez l'habitude de vous concentrer sur vos points forts.

Dans *Alice au pays des merveilles*, Lewis Carroll nous dit comment nous sommes devenus tels que nous sommes et combien il importe de nous concentrer sur nos points forts.

> Alice : Là d'où je viens, les gens étudient *les choses qu'ils ne connaissent pas bien* afin d'être capables de faire ce qu'ils font bien.

Le chapelier : Nous tournons en rond ici au pays des merveilles ; mais nous revenons toujours à notre point de départ. Pourrais-tu t'expliquer ?
Alice : Eh bien, les adultes nous disent qu'il nous faut reconnaître nos erreurs et ne jamais les répéter par la suite.
Le chapelier : C'est étrange ! Il me semble que, pour connaître une chose, on doive l'étudier. Et qu'après l'avoir étudiée on doive la faire mieux. Pourquoi voudrais-tu améliorer ta façon de faire une chose, si tu ne dois la refaire ensuite ? Mais poursuis, s'il te plaît.
Alice : Nul ne nous a jamais dit qu'il nous fallait nous pencher sur les choses que nous accomplissons parfaitement, mais qu'il nous fallait reconnaître ce que nous faisons de mal afin d'éviter de refaire ce qu'il ne faut pas faire ; ensuite, en ne faisant pas ce que nous ne sommes pas censés faire, peut-être nous conduirons-nous bien. Mais je préférerais bien me conduire dès le départ, pas toi ?

Il y a une grande vérité en cela ! Pourquoi ne pas s'y attarder et en faire une partie de votre conscience ?

## Prescription pour une totale confiance en soi

Avant de dévoiler le produit fini, *la personne* que vous pouvez devenir, permettons-nous de parcourir, étape par étape, le processus qui régit cette transformation.

1. Acceptez le fait que vous êtes un individu unique qui a une place à occuper et un objectif spécifique à remplir.
2. Accroissez l'étendue de votre conscience et débarrassez-vous des fausses certitudes qui vous empêchent de réaliser vos possibilités illimitées.
3. Pour réaliser vos possibilités illimitées, choisissez un objectif, dotez-vous d'un plan de vie et présentez-le à votre subconscient.

4. Visualisez et nommez tout ce que vous voulez être, faire ou avoir dans le cadre de votre expérience de vie.
5. Consacrez vos pensées dominantes au succès, et non à l'échec.
6. Maîtrisez le temps plutôt que de laisser le temps vous maîtriser.
7. Débarrassez-vous de la dépendance, de la culpabilité, de la crainte et de l'inquiétude, et remplacez-les par l'autonomie, l'amour, l'imagination, l'enthousiasme, le sens de l'humour et la capacité de communiquer.
8. Pour trouver la paix, le pouvoir et la satisfaction totale, pratiquez l'art de la méditation.
9. Et enfin, rappelez-vous que vous possédez la capacité de choisir et le pouvoir de réaliser tous vos désirs.

### Le nouveau vous

Pendant que vous cultiverez une attitude mentale positive qui se traduira par une action positive, un nouveau vous émergera.

Vous serez un individu de pouvoir, d'orientation et d'action déterminée.

Vous surmonterez les fausses croyances qui vous ont empêché d'aller de l'avant.

Vous serez une personne amicale qui n'est jamais seule.

Vous serez une personne autonome qui contrôle sa propre destinée.

Vous n'aurez pas besoin de vous juger ou de juger les autres.

Vous serez un individu calme et vous penserez au bien-être des autres.

Vous serez ouvert et réceptif aux valeurs, aux croyances et aux concepts nouveaux.

Vous aurez une excellente santé et vous vivrez plus longtemps.

Vous aurez une nouvelle conscience spirituelle.

Vous apprendrez à vous aimer et à aimer les autres plus intensément que jamais.

Un tableau de rêve, n'est-ce pas ? Bien sûr : c'est une image de vous lorsque vous aurez appris et mis en pratique les principes contenus dans ces pages. Vous devrez vous engager à agir, mais ce sera l'une des plus formidables aventures de votre vie. Lorsque vous vous serez engagé à acquérir une totale confiance en vous-même, vous ne serez jamais plus le même.

IMPRIMERIE QUEBECOR
L'ÉCLAIREUR